中公新書 2726

牧原 出著

田中耕太郎

——闘う司法の確立者、世界法の探究者

中央公論新社刊

はじめに

一九三六年一〇月、ベルリン・オリンピックから帰国した選手団が、こともあろうに新聞紙上で指弾される事件が起こった。選手たちの振る舞いは、開会式より態度不遜《ふそん》であり、帰途では船中で酔態がひどく、剃刀《かみそり》を振り回す刃傷《にんじょう》沙汰《ざた》まで起こしていたというのである。ついには選手を監督すべき大日本体育協会幹部（以下「体協」）は「総辞職」するに至った。次のオリンピックの開催地は東京であり、「この状態では四年後の東京・オリムピックに輝かしい成果を収めることは覚束ない」と思われたのである（読売36・10・26）。

最初に選手団への批判の声を上げたのは、ベルリンで大使館一等書記官の立場から一行の世話をしていた森島守人だった。森島の批判は、一行が大使館職員を不当に難詰《なんきつ》したこと、大使館を介さず直接組織委員会にオリンピック村の宿舎変更を主張したこと、日本人会の申し出により任についた通訳への態度が礼を失していたというものである。

ところが、これに対して体協は、ナチス・ドイツへの傾倒ぶりで有名であった大使館付武官大島浩少将の私信を持ち出し、この一件が「些細《ささい》なる誤解」だと強弁した。現地大使館の一書記官が上げた声なぞ蹴飛《けと》ばせるとばかりに、やり過ごそうとしたのである。いかにもナチスと陸軍という時流に乗ったかのような体協の態度だった。

そこへ見るに見かねて立ち上がったのが、この時期に渡欧していた東京帝国大学教授田中耕太郎だった。「教育者として田中教授痛憤」と題された記事で、田中は何が起こっていたのかをつぶさに語っている。

私は五月ローマ大学の講義を終えて引続き英、独、仏、白〔ベルギー〕、西〔スペイン〕等各国の大学に講義をしたのでオリムピック大会当時ベルリンにあって開会式から閉会式までわれらの選手の活躍を見ることが出来たのですが開会式のときからどうもこれでは困るなど心配させるようなことがしば〳〵あったのです。……（中略）……帰朝の船が偶然本部隊と一しょだったのでマルセーユから神戸まで四十日間一行の生活をみてきたわけですが、私だけでなく一等船客全部がその無統制ぶり無教養ぶりに呆れたのです。幸い外人があまり乗っていなかったからよかったようなもの丶あの船中の生活はまさに国辱もので した、九月廿八日上海を出ていよ〳〵祖国に向うという晩などの騒ぎは大変なもので、午前四時頃まで船客はほとんど眠ることも出来なかったほどです。しかも遺憾に思うことは平沼団長はじめ統率の任にあたる役員たちが徒《いたずら》に隠蔽《いんぺい》的態度をとって反省の色がみえなかったことです。

（読売36・10・25）

森島の指摘を黙殺していた体協は、田中の批判をきっかけに、その内情を次々と報道されるに至った。団長の平沼亮三は辞任を申し出たものの部内の慰留で撤回したが、評議員会の議員を入れ替えることとなった。

当初田中は、国際文化振興会で行われたヨーロッパ諸国歴訪からの帰国に伴う報告の中で、大学生である選手への教育に問題があったという大学人らしい表現にとどめていた。田中の話のさわりに驚いた一部の出席者が講演後に詳細を尋ねたために、田中は実情を説明したのである。その場には、樺山愛輔、徳川頼貞、岡部長景、田中館愛橘など国際文化振興会の担い手であった貴族院議員たちがおり、田中の説明を受けて、体協幹部の刷新を促す方針が話し合われた。その顚末《てんまつ》を報じた新聞記事によれば、「日本学界の代表として伊太利《イタリー》に派遣されたほど真摯《しんし》な学徒であり直接にはオリムピック派遣団となんらの関係ももたぬ同〔田中〕教授が教育者としての責任から憂慮のあまり洩らした口吻《こうふん》だけに聴く者みな感動、憂いを一に」したというのである。

このような田中の影響力は、決して「日本学界の代表」であったことだけが理由ではない。この時期の田中はマス・メディアに頻繁に登場する論壇人でもあり、特にこのヨーロッパ歴訪の際には、各紙が現地で熱烈な歓迎を受けていることを次々と報じていた。国際的経験、東京帝国大学教授、論壇人という三つの役割が相重なって、東京オリンピックに向けた体協の態勢

田中耕太郎（1890～1974）

を問い直すべきであるという彼の見解をメディアが報じ、体協自身も刷新へと動かざるを得なくなったのである。

本書は、この田中耕太郎（一八九〇～一九七四）という人物の評伝である。

田中は、学界では、東京帝大法学部教授として商法学を専門とし、一九三二年から三四年にかけて出版した大著『世界法の理論』で知られている。この著書の中で第一次世界大戦後、もっぱら経済活動を通じて、諸国の法が統一しつつあると見た田中は、二一世紀の現在から見れば文字通りグローバリズムの信奉者だった。そして世界に広く行き渡る普遍性という意味では、田中はカトリックを熱心に信仰しており、戦後の日本においてはカトリックの信者たちの中で指導的な役割を果たしてもいる。

また、音楽とりわけベートーヴェンの愛好家、カメラの愛好家という趣味人としても知られていた。一九五八年、皇太子と正田美智子の婚約発表時、『アサヒグラフ』に掲載されたテニスコート上の両人の写真は、その場に居合わせた田中が撮影したものである。

とはいえ、田中は問題含みの面も事欠かないと評されてきた。戦後の田中は、共産主義の危険を強く唱え、最高裁判所長官としては「反動的」と批判され続けたからである。中でも裁判判決が不当であると批判を投げかける雑誌・書籍・映画・演劇などのメディアを取り上げて、裁判官はこうした「世間の雑音」に耳を傾けるなと全国の裁判官への訓示を出したときは、メディアは一斉にこれを非難した。同時代での注目度は、歴代長官の中でもひときわ高かった。一九七七年の段階で、裁判官訴追委員会に訴追申し立てをもっとも多く受けた最高裁判所裁判官であり、公開資料はないものの、その後もこの数字を上回る裁判官はほぼまちがいないであろう。

だが、この一九五〇年から六〇年まで田中が長官を務めた時期は、冷戦の激化とともに左右両勢力が激突し、政権は保守系政党が握っていた。「反動」なのは、まずは政権であった。困難な時期に裁判所は独立を守らねばならず、田中は先頭に立って、そうした保守的な姿勢を貫きつつも、政権に対して裁判所の立場を強力に訴えた。つまり田中は、前後を見渡すと実に困難な時代に生き、熱烈にそのときどきに自らが所属する組織や制度を守ろうとしてきた。「反動的」と呼ばれたのは、組織を守るための代償でもあった。

最高裁判所長官時代に限らず、田中の人生航路は、いかに非難されようと、危機に立つ制度を守ることに費やされた。たとえば時代を一九三〇年代へと遡《さかのぼ》れば、大学への思想統制が強化された時期に、田中は東京帝大総長を補佐する法学部長として、問題となった左右両翼の教授を同時に処分するという助言をした。その果断な手法は学内から強い批判を招き、田中はほどなく法学部長を辞することとなった。

さらに時代は下って最高裁判所長官を退任した後、一九六〇年に田中は国際司法裁判所の裁判官に当選し、オランダのハーグに居を構えた。第二次世界大戦後、日本人としては初めての当選であった。その任期中、国際司法裁判所は南西アフリカ事件での判決に際して最大の危機を迎えた。アパルトヘイトを推進する南アフリカに有利な判決が、アフリカ諸国の憤激を招き、裁判所へのボイコットが叫ばれ、付託案件がきわめて限られる事態となった。国際社会の中で裁判所自体が孤立しかけたのである。このときに判決への反対意見を田中は書いた。これは今なお高く評価され、歴史的意義の高い少数意見となっている。

これらの経歴の間に、占領下で文部大臣と参議院議員を歴任した時代がある。日本国憲法が制定・施行される時期に、田中は、戦後の新しい教育制度の構築に力を尽くし、かつ新憲法の熱烈な擁護者となった。最高裁判所長官と合わせると、憲法上の三権、行政、立法、司法のすべてに属し、危機の中でその確立を体現したのである。このような人物は戦後いまだかつて現れていない。

田中の生涯をたどることは、戦前戦後の憲法秩序と政治のダイナミズムを考える上できわめて重要なはずである。だが、その活躍する分野が多岐にわたっていたためか、一人の研究者が全体として見渡すのは難しく、いまだ本格的な評伝・研究書はない。

そこで本書は、田中の一生を貫く意図として、次の田中自身の発言に着目する。

私は大学教授時代には大学の自治を、文部省と参議院時代には教育権の独立を擁護する立場におかれた。最高裁判所においては司法権の独立を守らなければならない。大学自治や教育行政に関しては、私の司法権の独立の理論を援用した。司法に関しては大学自治と教育権の独立を類推し得るものと信じた。この三つの国家機能の間には、理論的な統一が存在している。この理論が三淵先輩〔忠彦。初代最高裁判所長官〕の激励と相まって、私に最高裁判所で十年間働く原動力となったのである。　（『私の履歴書』）

田中は、その半生を振り返って、このような理論的支柱があったことを明確に意識していた。大学時代・裁判所時代を通じて、「独立」の理論を守ることがその主眼であったというのである。

田中は、大学時代に内村鑑三のもとで熱烈に無教会派のキリスト教を信仰したが、この内村が「独立」を重視したのはよく知られている（塚本虎二『内村鑑三先生と私』）。のちに内村と決裂し、カトリックの信者となる田中は、内村の希求した「独立」を、それとは別の形で自ら体現しようとした。内村から離れる時期の田中の商法研究もまた、いかにして商法が民法から「独立」できるかを問い直したものだった。こうした宗教と法学での田中の精神の有り様は、戦中・戦後の大学や参議院、国内外の裁判所での姿勢と通底している。

では、田中はいかにして「独立」を求め、それを守ろうとしたのか。近現代の日本の中で、個人とその属する組織の「独立」はどのように危機にさらされ、そこからどのように復元されたのだろうか。これは、近代以降の日本の政治史における制度の独立の強度とは何か、またそれを支える個人には何が可能かという問いでもある。大学であれ、裁判所であれ、その独立は脆い。田中を通じてそれを保つことが何を意味するかを考えることが、本書の目的である。専門知の役割が重要視されつつある二一世紀現在、田中の振る舞いはその問題性も含めて、振り返るに足る素材である。

本書は、政治史として、可能な限りその理論的・思想的背景にも踏み込みつつ、田中の生涯を、彼が守ろうとした制度をめぐる群像の中で描く。そこには親族も含まれる。田中の妻峰子は、母方の叔父が経済学者で慶應義塾の塾長となる小泉信三であり、父は戦後の日本国憲法制定時に担当大臣として力を尽くした松本烝治だった。こうした親族や家庭の中での田中にも触れていく。自ら小説を書き、随筆を寄稿し、田中以上に熱心なカトリックの信者だった峰子の田中に対する視線もまた、田中の人物像を知る上で重要なのである。

世界法の基礎にあるグローバリズム、平和の希求、「独立」の理論、それを支える憲法という田中が構築に向けて格闘したものは、すべて現代的な問いに他ならない。本書は、二一世紀に田中耕太郎という人物の軌跡を再生させる試みである。

目次

田中耕太郎

——闘う司法の確立者、世界法の探究者

凡例

・新書の性格上、文献及び史資料の引用や叙述に関する注記は最低限にとどめた。引用に際しては、文脈上明らかな場合は著者名を省き、研究文献は本文に記さず、詳細は、巻末の主要引用・参考文献に列記した。
・史資料引用にあたっては、読みやすくする観点から、適宜読点やふりがな、さらに濁点を補い、原則として、片仮名を平仮名に、旧漢字は現行の字体に、旧仮名遣いは現代仮名遣いに直した。
・日記、新聞の日付については、『東京朝日新聞』一九二六年八月二日を東朝26・8・2と略記している。
・引用史資料中の〔　〕は引用者の補足である。「……（中略）……」は文章の省略を表す。
・引用史資料中に現在では不適切な表現もあるが、歴史史料としての性格上、正確を期すために原文のままとした。
・各帝国大学の名称については、煩雑さを避けるため、第4章以降は、原則として東京帝大、京都帝大を東大、京大と表記する。
・敬称は省略した。

第1章　鹿児島生まれの「コスモポリタン」

1　九州時代

出生と家族

田中耕太郎は、一八九〇（明治二三）年一〇月二五日、鹿児島県に生まれた。父秀夫、母喜意子は佐賀県北方村《きたがたむら》（現武雄市）の出身だった。父は下層武士の家柄で中農の田中家の養子となったが、村の秀才として小学校を出た後に代用教員になり、さらに勉学の思いを固め、近隣の多久郷《たくごう》にある塾に通った。それは佐賀藩の儒学者として知られていた草場佩川《くさばはいせん》の塾であったという。

一時、福岡の政治結社である玄洋社に出入りしたが、やがて、佩川の息子の草場船山が京都で開いた私塾に入門した。だが同輩の勧めで上京し、司法省法学校を経て司法官となった。秀夫は、田中が生まれたときは鹿児島で初の判事としてその地に赴任していたのである。

司法省法学校では、明治政府の法律顧問として民法典編纂を手がけていたフランス人法律家ギュスターヴ・エミール・ボアソナードの講義を受けるなど西洋の法制度を学んだ秀夫だったが、基礎となる学識は儒教だった。秀夫は、少年時代の田中に自ら孝経《こうきょう》、論語や孟子の講義をし、習字・撃剣《げっけん》を習わせるなど教育熱心で、また病弱な田中を野外に連れ出して魚釣りや水泳を教えるなど、細やかな愛情で接したという。

これに対して、母の喜意子は、付近の数ヵ村を治める大庄屋飯守家の一人娘であり、判事として故郷に錦を飾った秀夫を見込んだ周囲の勧めにより結婚した。喜意子は西洋料理を習い、牛や豚の内臓を調理することを主唱したり、婦人服を改良するなど、生活の洋風化を積極的に進めた。

田中はこの母を「わがまま」だったとのちに評している(『私の履歴書』)。喜意子は、感覚的に鋭い面を持ち合わせていた。田中の従弟にあたる画家の松尾敬一は、喜意子を「生来頭の回転の早い天才肌の人」としている(『田中耕太郎博士』)。

文部省時代の田中に仕え、のちに教育学者になる相良惟一は、田中の性格や話しぶり、考え方は、母親譲りだと見ていた。「かなり強い性格のかた」だった母親と田中とは気質が似ていたというのである(相良惟一発言『人と業績』)。田中の姪で国際的に活躍したヴァイオリニストの服部豊子も、田中は「生来、我が強く、又、音楽や絵が好きで、食物の味にはうるさく、気候にも大変敏感な人でしたから、もともと、かなり感覚的また感情的な人だったと思います」

と語っている。こうした性格全般は、多分に母親に由来していたのだろう（「伯父、田中耕太郎の思い出」『人と業績』）。

秀夫と喜意子は相当に異なる資質の持ち主だった。父から受け継いだ法律家としての田中と、母由来の芸術愛好家としての「感覚的また感情的な」田中という対極的な二つの資質は、生涯にわたって折に触れてまったく異なる形で噴出する。

田中は七人兄弟・姉妹の長子だった。長女ですぐ下の妹澄子は、第一高等学校以来の田中の親友で大蔵省・朝鮮銀行に勤めた植野勲と結婚し、ヴァイオリニスト服部豊子は二人の三女である。また弟で次男の吉備彦は法政大学法学部教授となり、その晩年に田中が最高裁判所長官として心血を注いだ松川事件の法廷で、被告人の弁護団に加わった。三男の重任は母方の飯守家を生後まもなく継いだ。飯守重任は裁判官となるが、ソ連・中国抑留から帰還後、田中よりはるかに激しく反共産主義を前面に打ち出した保守派の裁判官として、メディアの注目を集めることとなる。

耕太郎2歳．父秀夫と母喜意子，1893年4月

田中、吉備彦、重任の三兄弟にとり、

父親が司法官であったことは、その公的な人生を大きく決定づけた。田中の出生後、秀夫の家に、司法省法学校時代の同輩が、その友人であり東京帝国大学の学生であった山田三良を伴い訪れた。当時すでに大学での研究を志していた山田は、生まれたばかりの田中を抱き上げて「私が大学教授になったら教えてあげる」と語りかけたという。山田は、のちに国際私法学者として田中と東京帝大法学部できわめて親しい間柄の同僚となり、田中が国際司法裁判所裁判官へと立候補する際など、田中の研究者人生の節目で、決定的な役割を果たすことになる。

また、秀夫の生地の近傍にある佐賀県須古邑（現白石町）は、少年時代から秀才として名高い織田萬の出身地であった。織田は京都帝国大学法学部教授を経て、常設国際司法裁判所裁判官となる。田中が後年国際司法裁判所裁判官となったときに、同郷の織田は、遠い過去の時代、日本出身の国際法廷の裁判官であり、いわば先人となった。織田は代用教員時代の秀夫の生徒であり、二人は終生親しく交わったという。秀夫自身は、司法官としては堅実な人生を送ったが、その交友は法学者としての田中の生涯にとってきわめて重要だった。

修猷館

秀夫は、任地を名古屋、松江、岡山、新潟、福岡と転じた。これに合わせて田中は岡山中学校、新潟中学校を経て、一九〇六年に福岡県立中学校修猷館に転校し卒業した。

後年の田中は、岡山中学校を鶴見祐輔・岸信介が在籍した「秀才型でコスモポリタン」、青木得三・佐藤荘一郎を輩出した新潟中学校を「農民的重厚純朴でロマンティック」、広田弘毅・中野正剛・緒方竹虎が通った修猷館を「政治家的、田舎者の健康さ」を特色としていたとまとめている。旧制高校では、出身が違うと方言が異なるために意思疎通が難しいこともままあったが、中学校時代を経て各地の方言にも通じていた田中は、それぞれの間の通訳をつとめることができたという。いわば「コスモポリタン」だったというのである（『私の履歴書』）。だが、このうち福岡と修猷館の影響は、後々まで色濃く田中に残った。

頭山満らが率いる国権主義の結社玄洋社の影響もあり、質朴剛健、独立不羈《ふき》を校風とする修猷館では、「生徒の傾向は盛んに武術を練り、将来大臣、大将、大使を夢想するといったような政治家肌」だったという（『修猷館物語』）。田中の父秀夫は青年時代に頭山の薫陶《くんとう》を受け、袴《はかま》をはいていると、「袴は贅沢だ、そんなものは雑巾にしてしまえ」と言われたという。同じような風潮は修猷館内にもあった。生徒たちの中には、靴を履かずに素足で通学する者も多く、田中も雨の日にはそれにならった（「緒方竹虎―田中耕太郎対談」『修猷館物語』）。加えて当時は日露戦争直後であり、「大陸への雄飛を志」す雰囲気を、田中も存分に「呼吸」していた。軍艦千歳が博多湾に入港し、艦内を見学した田中は、海軍兵学校への入学を志すようになっていった。海軍への憧れもさることながら、学費がかからず、海外に行く機会があることも魅力だった。だが、生来頑健ではなく体格に恵まれない田中は、体格試験で不合格となる可能性があった。そこで第一高等学校をも併せて受験する。

修猷館を卒業した後、上京し四ヵ月ほど受験準備に費やす中で、田中は山田三良に面会している。山田は、通常は東京の学生に比べ地方の学生には学力で差があったことを念頭に、鹿児島にある七高を勧めた。しかし田中は、一高志望を変えず、海軍兵学校とともに受験した。結果は、両校ともに合格だった。長男なので軍人になるのではなく一高に入学すべきだというのが父親の意向であったため、田中はこれに従い一九〇八年の秋、一高独法に入学した。

2 第一高等学校への進学——教養とキリスト教に惹かれて

腹膜炎による長期療養

第一高等学校入学後、田中は剣道部で日々の稽古に励んだが、二年次に結核性腹膜炎に罹《かか》り、ほぼ一年間療養生活を送った。これが田中にとっては転機となった。中学時代、とりわけ修猷館時代に培った立身出世主義から、田中のもう一面である内省的な思索の生活へと次第に向かうからである。

病気療養から復学した一九一一年前半は、田中の日記が残されている。一高に二年遅れて入学し、田中より早く内村鑑三に師事し、同じく東京帝国大学教授となった矢内原忠雄にも、同時期の日記がある。二つを比べながら、田中の高等学校生活を見てみたい。

病に倒れる前の田中は、怪我と体調不良に悩まされていた。剣道の防具の不備で、額のこぶが顔面に広がり、奇怪な面相になったことが始まりだった。にもかかわらず寒稽古を続けた田中は「皆勤の筆頭」となったという。さらには三九度の熱を押して、学期末試験を受け、以後チフスに類する病気、結核性腹膜炎と次々に罹る。腹膜炎に対する医師の診断は、完治するかわからず、仮に治ったとしても再発が十分考えられるために復学は難しく、農学校など健康的な学習環境に変えた方がよいというものだった。

医師の診断を聞いた秀夫は卒倒しそうになるほど絶望したという。だが、母と田中は違っていた。二人は「治らぬと云《い》う事があるものかと一心に治せん事をはかって先ずあらゆる手段をつくさんと決心した」。お祓《はら》いや民間療法などできるかぎりのことをしたところ、一九一〇年八月には体調も劇的に改善し、日記の記述が始まる翌年一月から学業に復帰した。休学中には、学校側の計らいで留年しない措置がとられ、七月には一高卒業がかなった（「田中耕太郎日記」冒頭の旧年回顧部分）。

もっとも、こうした健康状態は、田中に限ったことではなかった。矢内原も脚気《かっけ》に悩んでいることを、しばしば日記に記している。田中のクラスは入学時四四名だったが、二年間で一一～一二名が病気により休学し、うち三名は死亡しているという（「病床雑感」）。衛生環境が劣悪だった旧制高校の寮生活では、病気療養は珍しくはなかった。

一時は快癒も覚束ない中で、宗教への関心が芽生える。それは、田中にとり大きな転機となった。以後の田中は聖書を読むことを日課とする。この一九一一年は、矢内原が内村から聖書講読会への参加を許された年でもある。田中は、『余《よ》は如何《いか》にして基督《キリスト》信徒となりし乎《か》』を読んで、深く感銘を受けたものの、内村のもとに通うようになるのは、数年後のことであった。

新渡戸稲造と徳冨蘆花

すでに内村が発刊していた雑誌『聖書之研究』を読み、信仰を深めつつあった矢内原にとり、内村と並んで、精神的な糧《かて》となったものは二つあった。

一つは先輩格の河合栄治郎との親密な知的交流である。後輩との知的交流をきわめて重視する河合は、同じ弁論部に所属する矢内原に熱烈な友情の念を投げかけた。矢内原は当初はこれに応じつつも、次第に距離を置き、内村のもとに通う友人と親しんでいった。

もう一つは当時の一高校長だった新渡戸稲造との交流である。新渡戸は、台湾総督府での勤務経験を経て植民政策を専門としたが、英文の著書『武士道』により広い国際的視野を持つことで知られていた。校長としての新渡戸は生徒の自覚を促す講話を行うだけではなく、「面会日」に自宅を開放して学生と率直に会話を交わすことに努めた。矢内原は、しばしば面会日にその自宅に通った。

矢内原は一高入学前から、内村や新渡戸の講演を聴き、二人に傾倒していた。これと比べると、田中の学生生活は、同じクラスの面々との交友が中心であり、知的にはやや晩成の感が否めない。河合とは同学年だが、弁論部の「読書講演会」に出席して、その話術に素直に感じ入り、「仲々うまかった、僕は大に感動させられた」と記すにとどまる（「田中耕太郎日記」11・2・24）。新渡戸校長についても遠くから見ている程度だった。

この時期、弁論部主催で作家の徳冨蘆花による「謀叛論」と題した講演会が催された。これは、先鋭な政治問題となっただけではなく、講演を認めた校長の進退問題に発展した。蘆花は、大逆事件を取り上げて幸徳秋水らは「志士」であると称え、彼らを死刑に処した政府を批判したからである。新渡戸は不問に付され事なきを得たが、その後に開かれた「面会日」に田中は一年ぶりに出席している。九〇人近くが訪問したというこの会について、田中は「あまりめぼしい話もなかった」と記し、特に心の動きはない（11・2・7）。

一高時代の田中には、海軍兵学校を目指していた頃の国士的心情がいまだ濃厚にあった。一九一一年一月一八日、大逆事件で幸徳秋水らに死刑判決が出された報を聞き、「痛快の至りだ、此《この》陰謀事件たるや我国体の汚辱だ」と書き留めている（11・1・18）。また、田中にとり、徳冨蘆花は「余す処《ところ》なく読んだ」作家として憧れの対象であり、「謀叛論」の講演についても、内容を丁寧に筆記し、「その言のうつくしいこと一話一句皆美をなして居る」、「僕をして心から **rühren** せしめた〔感動させられた〕」と感嘆しながらも、「僕はその説には絶対に賛成は出来ない」と書いている（11・2・1）。

そして、三月一〇日の陸軍記念日には、陸軍大学校教官久野中佐の旅順総攻撃の話を聞き、「満場歓喜の声に支配された」と素直に感動し、「この演題は実に吾々《われわれ》の愛国心を喚起した、時々こう云《い》う演題で刺戟《しげき》されぬと人間が腐ってしまう」「熱心がこもって居た、軍隊的の単簡にして要領を得ている所に人を感動せしむるものがあった」と記している（11・3・10）。

矢内原は、その日記で蘆花の講演について「仮令《たとえ》先生の言、熱烈のあまり過激に走りしものありたらんも我等はこの枝葉の言に動揺するものにあらず」と記し、熱烈な話しぶりに共感しつつも、幸徳らの無政府主義を擁護する姿勢とは距離をとる。また陸軍記念日には「旅順実戦談に思わず落涙す。中佐のハンカチ亦湿《またしめ》ろう」とやや情緒的に書いている（「矢内原忠雄日記」11・2・2、11・3・10）。蘆花の講演内容についての距離感と日露戦争の勝利への共感は、田中だけではなく、広く一高生の間で共有されていた。

岩元禎を囲んで

もう一面では、この一九一一年の復学後から、田中は教養主義に強く傾倒していく。とりわけ決定的だったのは、一高教師の岩元禎の自宅を訪問したことである。

岩元は、一度に大量の文献を講読させる厳しいドイツ語教師であり、数々の奇行が噂となり、かつ西洋哲学に対する浩瀚《こうかん》な知識で学生を圧倒する存在だった。刊行されたばかりの夏目漱石の『三四郎』に登場する広田先生のモデルとも、学生の間で噂されていた。岩元は、毎回の授業で落第点をとった学生の名前と点数を板書して、学生を叱咤していた。出席していた田中も「『これぱかしのものが出来ないで三年独乙をやったといえるか、もうじきに大学にはいるのだぜ!!』と大きな目でねらみつけられた時の顔といったら実に恐ろしかった」と記している（11・1・12）。

だが、怖さの反面魅力を感じた一高生は多かった。田中より一学年下でのちに政治家となる近衛文麿は、岩元の「人物には頭が下った」と記した後、「先生はさながらギリシャの哲学者がこの世に生れて来たような感がした。私は余程《よほど》先生の感化を受けたものと見え、その当時、世の中で一番俗悪なものは政治家、一番高尚《こうしょう》なものは哲学者だと思い込んでいた」と振り返っている（『清談録』）。

田中は、この時期に初めて岩元邸を訪問した。すでに帝大生であった修猷館の同窓生塚本虎二の訪問に同行する形だった。塚本はのちに内村鑑三の無教会主義の一継承者となるが、このときすでに内村を囲む「柏会」の会員であり、田中を内村に紹介する人物でもあった。またシューマンのトロイメライのレコードを田中に聞かせて、西洋古典音楽の魅力を伝え、田中の知的世界を広げる役割を果たしていく。

二人を迎え入れた岩元は鹿児島出身であったため、田中に「何んだと君は鹿児島か」と「非常に喜ん」で語りかけた（11・3・16）。別の場で田中は「九州の人は頼しい」と日記に記している（11・2・23）。岩元の前で、田中は、福岡出身の塚本を含めた三人の間に九州という同郷による紐帯《ちゅうたい》を感じたのであろう。

岩元は、食事をしながら、ヒルティについて語り、職業の他に趣味を持つことの重要性を説くなど、方々へ話題を転じた。田中は「〔ヴィルヘルム・フォン・〕キューゲルゲンの御祖父さんのように外がわに貝をもって居て内がわはごくやわらかい親切な人だ。僕は接して見て平常よりも一層親しみを感じた」と記し、岩元と彼が授業で取り上げたテクストの著者とを見比べた（11・3・16）。翌月の岩元邸の訪問では、田中が少しずつ心を開き始めたキリスト教について、こう助言を受けている。

先生の宗教に対する態度もよくわかった、先生は信仰を努力して得ようとするに及ばぬ、自然とそれに化していくその時を待つ外《ほか》はない。洗礼などと云う馬鹿気た事をする必要は毫《ごう》もない。政略的の Mittel〔手段〕に過ぎないと云う説だ。僕は大に意を強くした。実際僕は今迄信仰を得ようとシュツレーベン〔streben あくせくする〕して居る。そうして未だ達し得られない。（11・4・22）

以後折に触れて田中は、岩元を訪れるようになる。東京帝国大学の助教授になってからも、岩元を囲んで年に二度ほど、同世代のカトリック神学者の岩下壮一、内務官僚の川西実三、哲学者の九鬼周造と会食を続け、「学生の頃よりも卒業して長年にわたる影響が多かった」（『生きて来た道』）。中学校以来の国士的気分が抜けず、内村や新渡戸を遠巻きに見ていた田中は、先人と直接接するには慎重だったが、同窓の塚本とともに九州出身という意味で同郷の岩元と親しめたのである。

キューゲルゲンの翻訳、トルストイへの傾倒

教養主義に目覚めた田中は、一高の友人たちと読書会を組織した。伊原元治、大沢章、植野勲、川村貞四郎ら同期の仲間たちである。それぞれが読んだ本について話題を提供する形であり、川村がズーダーマン『猫の橋』、伊原がゲーテ『エグモント』、ハウフ『リヒテンシュタイン』、植野はシェンキェヴィチ『クオ・ヴァディス』、田中はツルゲーネフ『愛の勝利の歌』、メーテルリンク『青い鳥』といった本を紹介している。

しかも並行して、このメンバーで翻訳と出版の計画が持ち上がった。それがドイツの画家の自叙伝ヴィルヘルム・フォン・キューゲルゲン『一老人の幼時の追憶』であった。岩元の授業で一節を講読したことが選本のきっかけであり、田中が岩元のもとを訪問したときに、岩元をこのキューゲルゲンにたとえたのは、田中自身の翻訳作業への関心に基づいていた。田中は冒頭の四八頁までを担当した。

翻訳の作業は大学入学後も続けられ、それぞれの草稿を相互に検討し合い、大学三年の夏にひとまず完成した。この頃に川村は翻訳作業から離れ、残りの四人で作業を進めた。完成前に、新渡戸の紹介で森鷗外を訪ね、校閲を依頼したところ了解をもらい、田中の担当した冒頭部分について丁寧な誤訳の指摘があった。全体に誤訳も少なく続けるようにと鷗外からの講評を得

第一高等学校時代　前列右端から田中，伊原元治，１人おいて大沢章，川村貞四郎．後列左端が植野勲

て、四人は翻訳を完成させ、名古屋の出版社興風書院から『生い立ちの記』という表題で出版した。

新渡戸・鷗外から序文を得る形をとったが、その序文の内容は二人の許可を得て訳者らが「代作」し、冒頭に原本を授業で紹介してくれた岩元への献呈の言葉が掲げられている。この版では訳者それぞれが前書きを一文ずつ書く形式をとったが、その後一九二五年に岩波書店から表題を原題通り『一老人の幼時の追憶』と改めて再版したときには、田中が訳者を代表して「邦訳序」を記している。

田中とともに翻訳作業を進めた友人のうち、大沢は内務省入省後、九州帝国大学法学部で国際法学者となるが、田中の無二の親友だった伊原は出版後間もなく死去し、植野は田中の妹澄子と結婚したが、一九三六年に澄子と幼い娘の〔服部〕豊子らと死別する。

後々まで、田中は文学への関心を保ち続けた。その一例が田中の日記の中にある。そこにはトルストイの小説『コサック』の中の主人公が書いた手紙の一節を、丁寧に記して綴《と》じられた紙片が挟み込まれている。田中はのちに、「この手紙の箇所は非常な興味を持って読んだもので」、赤城山の頂でドイツ語訳から和訳したと振り返るほど、翻訳に熱をこめていた（『生きて来た道』）。辺境の地でコサックの人々と交わるロシアの若い軍人の恋愛心理を森と野の自然の中で描いたこの小説について、田中は、のちに論文「法と道徳」の中でわざわざ言及している（『法律哲学論集一』）。青年期のトルストイ特有のルソー流の自然賛美に加え、法などの人為的秩序への反感が伏在しているというのである。

日露戦争後から第一次世界大戦までに現れた教養主義の風潮について、立身出世主義を排した個人としての修養を求める中で、教養と宗教の二つの方向性があった、と田中はのちに指摘している。まずは漠然と、宗教、哲学、芸術を追い求める「教養派」から、熱烈に宗教を求める「宗教派」が分離したという（「『教養』と『文化』の時代」『教養と文化の基礎』）。それは田中自身が教養、やがてこれに加えて宗教へと関心を注いでいく過程を反映したものであった。

3　内務省から商法学者へ

講義ノートの「幾何学的構成」

田中は、一九一二年に東京帝国大学法科大学に入学した。法科に進んだのは父秀夫が司法官だったからという消極的な理由だと田中は回顧している。

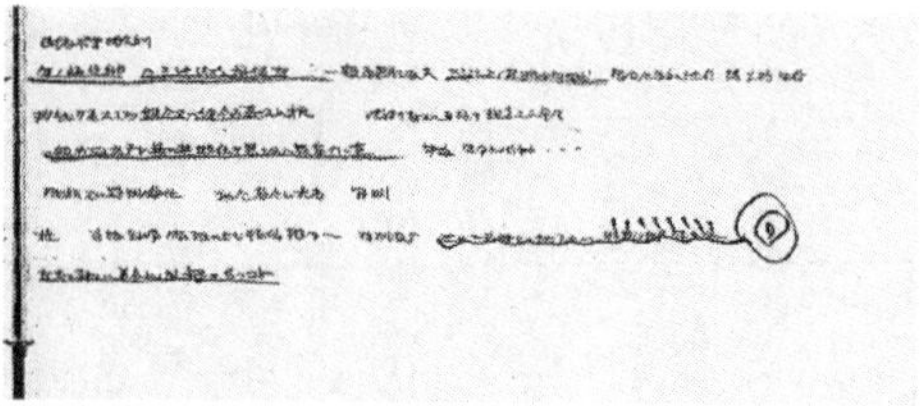
政法（「行政法摘要（独法２回）」）

入学を控えて田中は一高入学前と同様、山田三良に会い、助言を求めたところ、ドイツの法制史家ルドルフ・ゾームの『ローマ法提要（*Institutionen: Geschichte und System des römischen Privatrechts*）』を読むよう勧められた。ローマ法の教科書的な名著だが、一九一一年発行の第一四版で八〇〇頁ほどの大部である。田中はこれを三ヵ月で読了した。以後の田中は授業のかたわら、主としてドイツ語の法律学文献を読み進める（『私の履歴書』）。

残されている当時のノートを開くと、実定法のほとんどの講義ノートでは、横書きで左頁を余白にし、右頁は教科書などの構成をもとに章・節に区切り、教授の説明を記載したり、一部は空白のままにしていたりという形である（『田中耕太郎関係文書』第一部一）。余白の左頁は、日本の法律教科書から写したメモもあるが、特に民法、商法など私法学系統の講義ではもっぱらドイツ語の文献から関連する箇所を筆写している。矢内原忠雄らの吉野作造の講義ノートもそうだが、これは当時の学生によく見られるノートのとり方だった（『吉野作造政治史講義』）。

しかも、田中は講義ノートとは別に、『摘要』と名付けた独自のノートを作成している。そこでは、おおむね講義内容を章の節ごとに見開き二頁の中に納めるスタイルだった。きわめて細かい字で、章、節、

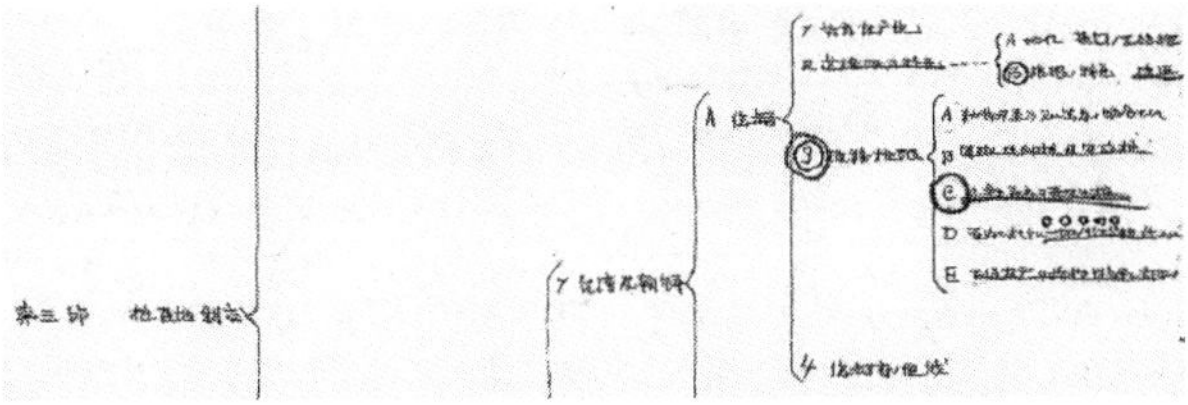

田中によるノート　幾何学的な構成の一例．教科は美濃部達吉による行

項といった単元を左から右へと樹形図のように配置し、樹形図の最末端となる右の項では、多数の学説を要領よく配置している。この独特のいわば幾何学的な構成は、一目で節全体の論理構造を体系として捉える狙いがあった。田中は法律学の授業を「砂をかむような講義」と評してはいるが、独自のノートを作成し、学説への理解を深めていった。講義はもう一面で「ある程度の興味を刺激した」という回顧も、そうした工夫の産物だった（『私の履歴書』）。

　このように田中は、法律学へのいくばくかの距離感を隠さない。とはいえ、ゾームの『ローマ法提要』からは「ローマ法の内包する普遍的精神、その厳格な論理に興味を覚えた」と振り返る。田中は中学校時代に幾何に興味を持ち、ピタゴラスの定理に「宇宙の永遠の秘密を秘々に顕示しているように思われた」というが、同様の興味をここに感じていた。また民法とりわけ財産法の「精緻《せいち》な法技術的理論」に惹きつけられ、民事訴訟法に関心を持ったという。

　こうした法学と向き合う生活の中でも、田中は、なお時間を見つけてキューゲルゲンの翻訳に意を払った。「点取り虫」にならないことは田中と周囲の「教養主義」を目指した学生たちに共通していた。

シュテルンベルク邸への寄宿

田中は三回生のときに、ドイツから赴任してきたテオドア・シュテルンベルクの通訳のために、その家に寄宿した。ドイツの法学界でも著書『法学入門』で知られていたシュテルンベルクは、ユダヤ人だったためにドイツの大学で定職を得られず、来日したのである。東京帝国大学でシュテルンベルクは、ドイツ語による法学入門とドイツ法を講義した。

そのドイツ法の講義は、物上負担と手形法という特殊なテーマに関するものだった。それも、ドイツ民法・商法の解釈論ではなく、社会的、経済的観点や比較法の軸から論じていた。田中の残した「独逸手形法」のノートによれば、講義内容は手形行為や支払、引受など手形法の基本概念を論じたものではまったくない。口頭での発話と、文字による記録文書との違いを歴史的に論じ、その上で有価証券について古代ギリシア、ローマから中世を経て現代に至る国家と法の制度史を概観しながら、その意義について触れていく内容である（『田中耕太郎関係文書』第一部一20)。有価証券を素材にした西洋法制史概説というべき講義だった。これは、田中の興味関心が法哲学と手形法に向かうきっかけとなっていく。

日本の生活に慣れないシュテルンベルクの世話役となることは、ドイツ人の生活様式を知るまたとない機会だった。シュテルンベルクは音に敏感で、夜中に犬が吠える家に猛烈に抗議し、往来を並んで歩くときにはつねに左側が田中ら学生で、先生を右に立たせることがヨーロッパの礼儀だと田中に教えた。「私は日本ですでに先生の家に二ヵ年間独留学をしていたようなものである」と田中は振り返る（『私の履歴書』）。

田中は中学校時代の成績は上位一割程度だったと回顧するが、東京帝大時代になると「トップを走っていた」と自ら振り返る。二回生より特待生に選ばれ、一九一五年の卒業時には、優等卒業生と認められ、卒業時には優秀学生に送られる銀時計を下賜《かし》されている。高等文官試験の成績に加えて、学生時代の好成績に目をつけた教授たちは田中に大学に残って研究者となるよう勧めた。まず山田三良が熱心に勧め、京都帝大からもローマ法を担当させることを念頭に着任するよう打診があった。

だが田中は学界を遠巻きに眺めていた。「格別特色がなく、何ごとについても自信を持ちえなかった」と言うが、ローマ法への若干の関心以上の強い魅力を、法律学のどの分野にも感じなかったからだろう。それでも田中の好成績に父秀夫は満足していたという。田中の控えめな振る舞いは、自信のなさと父親の意向に左右されている心理状況の反映でもあったのだろう。

内務省地方局と商法学

翻訳仲間の伊原、大沢や川村が官界を目指すのを見て、結局、田中も官界へと志望を絞った。またここでも「大蔵とか、農商務とかの特殊の分野」ではなく「役所の中でももっとも専門的でない」内務省を志願する。田中は周囲の影響を受けつつ志願を決め、なおかつ特定の分野に縛られることを警戒していた。

田中は在学中に高等文官試験を首席で合格し、一九一五年六月に内務省入りを果たした。伊原、大沢、川村も一緒だった。植野は大蔵省に入った。入省後田中が配属されたのは、神社局兼地方局市町村課であり、もっぱら地方局で地方税の制限外課税や起債の許可といった案件を担当した。東北六県の農村調査や、鹿児島で桜島噴火の被害状況を視察するなど、地方の実情を見る機会にも恵まれた。

しかし田中は、結婚を考えるようになるにつれて、生活全般で自由度の高い大学での研究職への転身を考え始める。一高時代から田中は恋愛を夢想し、福岡在住の女性への思慕を募らせていた。一方的な恋愛感情だったが、内務省入省に伴い真剣に結婚を考え始めた田中にとり、官吏の生活は不自由だった。

山田三良にもう一度相談したところ、大学に来るよう再び強く勧められ、田中は、「ベストをつくしてやってみようと決心した」（『私の履歴書』）。このときばかりは腰を据えたのである。しかし、当時の東京帝大法科では、講座の空きがあって、初めて専門が決まる状況だった。この時期、在学中に民法・商法を受講した教授の松本烝治が南満州鉄道株式会社の理事に転出したため、田中は商法講座へ進むことが可能となった。商法の主任教授は、農商務省官房長、法制局長官など官界でも重職を歴任していた岡野敬次郎だったが、彼の配慮で、田中は一九一六年一二月に大学院特選給費生となり、翌年九月に助教授に任官する。田中自身は望んで商法学者となったわけではなかった。岡野にもし商法で大成しなかったときにどうするかと尋ねられた田中は、京都帝大でローマ法を研究したいと返答している。ローマ法という広く法学全体を包括する分野に田中の本来の関心があったのである。

商法学研究へと進み、論文を構想するかたわら、より広い学を希求する思いは心底に残っている。それが田中の研究者としての出発点となった。

第2章　法学とカトリックへの目覚め

1　助教授時代——法哲学・文学・ベートーヴェン

商法学の追究

一九一七年九月、助教授となった田中は、二年後の一九年七月にヨーロッパへの留学に旅立った。三年間の留学は、田中が待ち望んだものだったと言うべきだろう。

田中は学生時代に、法科が発行している法学協会雑誌に「沿岸海ノ範囲ト漁業権」という表題の翻訳を寄稿している。ドイツの国際法雑誌上のグスタフ・クレーメルの論説が原文である。毎号学生の翻訳論説を掲載していたこの雑誌には、のちに経済学者となる大内兵衛や、英米法学者となる高柳賢三などの寄稿もある。教授の推薦で優秀な学生の寄稿が認められたのであろう。ただ、大内が「家族世襲財産制度ノ功罪」、高柳が「ふぇあぷれート米国民主々義」とのちの専門と連なる内容であったのに対して、田中は商法学ではなく国際法について寄稿しており、関心が商法ではなく、国際問題にあったことがうかがえる。

民法、商法、民事訴訟法などの法律が制定され、運用も蓄積されて、解釈方法もドイツ風の「概念法学」として確立された時期だった。そのため若い研究者には、法律解釈のための外国法の研究が求められた。日本法の解釈へ応用するため、海外の具体的な法律問題を選んで研究することが期待されていた。田中は一九三〇年に、つい一〇年ほど前までの日本における法学の学問状況を、次のようにまとめている。

諸外国において法典編纂につぐ時代には法の基礎的研究が等閑視せられ、学者が法条《ほうじょう》の注釈および機械的概念構成に汲々《きゅうきゅう》としている傾向がいちじるしいが、条約改正のような事情によって、とくに不自然に促進されて外国法の大量輸入をしたわが国で、一般法学界がどういう状態にあったか推測するに難くない。民法・商法・行政法・民刑訴訟法等の各種の法域に関し、分析的研究は相当に行われた。しかし憲法とか刑法などの、学問の性質上直接に根本的立場の決定を要求する学問を除いては、学者の研究は法条、判例および制度の末梢《まっしょう》にはしり、各法域の精神および法秩序の本質に及ぶものがはなはだ稀《まれ》であった。

（『法律学概論』）

留学前の田中は、若手助教授としては負担の大きい講義を東京帝大では持たず、中央大学・

法政大学での講義の他は研究に専念することができた。

その成果の一つが「株式会社発起人ノ責任ヲ論ス」である。これは、株式会社が成立する過程を「社会学的発展的」に分析し、設立の過程にある発起人を「会社の胎児の機関」と概念構成した。ドイツの法律学者オットー・ギールケの有機体論的な団体論に影響を受けて、社会的実態に即して株式会社の発起人を位置づけた。通常の解釈法学とは異質の論文である。

もう一つは「合名会社社員ノ責任」であり、当時の主流であった概念法学を徹底的に援用した。オーソドックスな法学研究に身を浸そうとした成果である（『合名会社社員責任論』）。田中は、オーソドックスな概念法学の研究と、社会的実態に即した新しい手法の研究とを並行して手がけていた。

文学とキリスト教

とはいえ、この留学前の田中は、学生時代と同様に、以下三つの点で教養主義の生活も続けていた。

一つには、内務省から東京帝大に転任した後、田中は、再びシュテルンベルクのもとに一年間住み込んだ。ドイツの主流の解釈法学ではなく、法哲学と法文化を生活の中に混ぜ合わせたような彼のもとで、田中は法学を教養主義に溶け込ませたのである。シュテルンベルクは解釈法学そのものの教育を拒否しながら、田中には、法哲学を学ぶ前に解釈法学を徹底的に学ぶよう説いた。田中は、その意味を以後思索し続ける。それは、一高時代に岩元から受けた薫陶を、法学という地平で新たに受け直したことを意味していた。

シュテルンベルクによる啓発の爪痕は、田中の初期の商法総論についての論文「商法学の任務」に見られる(『商法学　一般理論』)。そこで田中は、シュテルンベルクの論文「法哲学の発展史とその歴史叙述の問題」を引きつつ、ギリシアの法哲学は国家に、ローマ法学は私法に、中世以降はキリスト教の原罪の観念に沿った刑法が基調となると俯瞰している。

二つめは文学熱である。トルストイやロマン・ロランに夢中になっていた田中は、一時弁護士の能勢克男と同居してその影響を受け、白樺派に傾倒した芸術愛好家たちと交流を始める。能勢は、田中の初期の著書『商法総論概要』『法と宗教と社会生活』で献辞の相手であり、二人の交流は深かった。能勢は弁護士活動にとどまらず、短編映画を多数製作するなど新しい様式の芸術に触れていた。さらに戦後、松川事件で弁護団の一員として、最高裁判所長官の田中と法廷で出会うこととなる。

能勢を介したサークルでは、画家の小島善太郎、小川マリ、ジャーナリストの古垣鉄郎、王子製紙の田辺武次、のちに最高裁判所で田中と会する裁判官の下飯坂潤夫などが、同人雑誌を出して小説を書いたり、レンブラントやマティスなどの美術談義に花を咲かせた。一高時代から文学への関心が深かった田中だが、ここでの交流が彼の文章に文学的ないし劇的な彩りを添える役割を果たした。

三つめは古典音楽のレコード・コンサートを開いたことである。当初オペラやショパンのレコードを持っていた友人宅で始まったこの会では、やがてベートーヴェンのピアノ・ソナタ、交響曲のレコードが持ち込まれ、田中は「何百回となしに」それを聴くほど夢中になったという（『音楽と人生』）。それは田中にとってベートーヴェンとの本格的な出会いであった。

これら教養の世界とは別に、田中は、内村鑑三を囲む東京帝大の学生によって組織された柏会に参加した。かつて田中を岩元に引き合わせた塚本虎二を介してだった。この時期の田中は、内村の「徹底した『信仰のみによる救い』」に深く共感し、神と信者との間に一切の権威を排する姿勢と、日露戦争に際して、政府からの迫害を受けても守り抜いた内村の非戦主義とをわがことと受け止めていた。田中は、日曜日に内村邸「今井館」で開催される説教を聞きに行くことに努めた。

田中は塚本、のちに東京市助役となる前田多門、昭和天皇の侍従長となる三谷隆信、東京帝大法学部教授としてアメリカ政治史を研究する高木八尺、内村のもとで伝道師となる藤井武らが所属するエマオ会にも加わった（『無教会史Ⅰ』）。復活にちなんで命名されたこの会は、復活・再臨など聖書のままに信ずる者の団体で、信仰をともにする者の出入り自由の綱領を持ち、毎月一度同志の宅で祈禱会、聖書研究会を開いていた。このエマオ会は他の会とともに「柏木兄弟団」を組織し、雑誌『教友』を発刊した。

田中は、第一次世界大戦中に、このグループが開いた反戦を基調とする演説会で飛び入りで演説を行い、トルストイがパリでギロチンによる処刑風景を見て死刑反対論に正義があると考えたことを引き合いに、戦争は罪悪だと語っている。助教授を辞してでも、反戦と平和主義についいては熱烈に話したいという熱情あふれる講演だったという。田中の回顧では、すぐに内村も応じて、非戦論の「本家本元」として話し出した（『私の履歴書』）。

こうした白樺派に感化された文学熱と、内村のもとで信仰心を深める生活とは、必ずしも調和的ではなかった。また、シュテルンベルクは無神論者であり、内村のもとに通う田中とはその点で相容れなかった。さらに内村が芸術に反感を抱くなか、田中にとって芸術愛好家たちは「芸術至上主義」に映っていた。田中自身は、こうした相互に緊張感のある複数の知的世界に属しながら、留学に出発したのである。

2　欧州留学というグランドツアー

六法全書を海へ

一九一九年七月から二二年六月までの三年間という留学期間は、当時の若い研究者とほぼ同じである。田中はアメリカ、イギリスを見た後、ヨーロッパ大陸に渡り、フランス、イタリア、ドイツへと居を移した。その間にはギリシャを経てキリスト教の聖地パレスチナを訪れている。それは、どこか大学に居を定めて、最新の研究動向に身を浸すという生活ではなく、三年かけて諸国を広く見て回るという留学だった。

のちに田中が強調するように、このとき田中はヨーロッパ諸国における商法学の動向を特に熱心に研究したわけではなかった。


トルストイの影響を多分に受けていた私は、国家や法は、「止《や》むを得ない悪」とまではいわずとも、人生にとってたいした価値があるものではなく、高々第三義的第四義的価値のものぐらいに考え、学者や世間がこれ等に不当の価値を認めて自ら怪しまないことに、不満、あるいはさらに憤まんの感さえ懐《いだ》いていた。従って自分に学界に対する何等かの使命があるとするなら、それは国家や法を価値の最高の王座から引き下ろすことだと考えた。従って私には政治や経済の世界は全然興味がなく、留学三年間この方面の新聞記事は全然読んだことはなく、一九二一年を伊太利で過ごしながら、ムッソリーニの名前や羅馬《ローマ》進軍の事実さえ知らなかった。宗教と芸術と哲学の世界こそ、人間を清め、高め、深め、人間に真の慰安と幸福をもたらし、世界人類を相互に結びつけるものであり、法や政治や経済などの及びもつかぬ遥か高い地位にあるものに思われた。

私は携帯して行った唯一の法律書――六法全書――を海中に投げ捨てて、荷を軽くした。

（「欧米遊学中の思い出」『音楽と人生』）

往路の船から日本の六法全書を海に投げ捨てたというのは、田中らしい劇的な回顧である。日本商法の部分は切り取って残していたとも別の回顧で語るように（『生きて来た道』）、決して激情に駆られた振る舞いではない。そうだとしても、留学先で法律学全般を学ぶ意思はなかった。「宗教と芸術と哲学」こそ、田中の留学の主題であった。

その点で、田中の留学の記録をひもとくと、ちょうど一七～一九世紀のイギリスをはじめとする欧米の有力者の子弟が、成人前に数年かけて国外を見て回るグランドツアーの日記や回顧録に似ている。このグランドツアーは、主としてフランスとイタリアが訪問先であり、その行程はおおむね古典古代とルネサンスの跡を訪ね、西洋文明の起源と教養の基盤を確認するものであった。

田中の場合、現地で得た友人との交流や、旧制高校時代の友人との再会と、芸術作品を前にした知的会話が留学生活の記録の基調となっている。その雰囲気は、最終地点のドイツで田中と音楽会を回った旧友で四高教授石川鉄雄の回顧録に表れている。たとえばベルリンで二人が再会する場面である。

停車場の朝はまだ寒い。南からの汽車を一々のぞいた僕は後部の車窓に微笑めるT〔田中〕の顔を見た。彼れを見ると僕は急に〔アルトゥール・〕ニッキシュ〔ベルリン・フィル指揮者〕の事で胸が一杯になった。久闊《きゅうかつ》の挨拶などそっちのけにして僕は先ず口を開いて、

「オイ君、ニッキシュは死んでしまったよ」

と言った。Tの顔は情けなさそうに曇った。

「ほんとかい。驚いたなあ。あの人のベートーヴェンももう聞けないのか。今じゃあのミランで聞いたのが最後になってしまったのか」と静かに然《しか》も重々しく言い放った。

（『音楽行脚』）

友人同士らしい会話を続けながら二人は、ドレスデン、ライプツィヒ、ニュルンベルク、ミュンヘン、ザルツブルク、ウィーンなど、ドイツやオーストリアの音楽都市を回り、音楽会を訪ね、音楽談義を重ねる。そして最後の街ウィーンでベートーヴェンやシューベルトを想い、二人はそれぞれの旅に戻るのである。

第一次世界大戦後のこの時期に、田中のみならず、矢内原忠雄や河合栄治郎、当時は田中と同じく内村門下で政治思想史学者となる南原繁など、多くの日本の大学人がヨーロッパに留学し、諸国を見聞している。それぞれの留学がある中で、田中は、過ぎ去りつつある青春時代を取り戻すかのように、新鮮かつ貪欲《どんよく》にアメリカ、ヨーロッパ、中東を見て回った。他の多くの日本人研究者にとり留学は家族を日本に残しての単身生活であり、専門分野の最新を摂取するという研究目標も明確であった。これに対して二〇代で留学に出発した田中は、若くして欧米の地を踏み、専門の商法学にとらわれず、ヨーロッパの文化、芸術、宗教を新鮮な思いで吸収していった。

ロンドンでの徳冨蘆花

一九一九年七月に乗船した田中は、太平洋を越えてアメリカに渡り、そこからイギリスに滞在した。イギリスでは、一高時代にたびたび自宅を訪れていた新渡戸稲造が国際連盟の事務局次長として、ジュネーヴに本部が設立される前にロンドンにおり、その宏壮《こうそう》な邸宅に宿泊した。田中は、留学初期のものめずらしさもあり、イギリス人の生活全般について疑問を新渡戸にぶつけている。

「伝統的な儀式ずくめの英国国教会の雰囲気」「あたりさわりのない話で時をつぶす茶の会」「外国のことに無智で、国民的自尊心がつよく、独逸《ドイツ》人を蛇蝎《だかつ》のように憎んでいる民衆」に、「何一つ共感を起こさしめるものがなかったばかりか、すべてが私の焦慮《しょうりょ》と不満の種であった」という。新渡戸はこれに対して丁寧にイギリス人の国民性や偉大さ、堅実さを説いたというが、田中は「不遠慮にことごとく先生につっかかって行った」(「欧米遊学中の思い出」)。

一九二二年一月九日、ロンドンで、田中は一高時代に「謀叛論」の講演に突き動かされた徳冨蘆花に会っている。徳冨はインド洋からの世界一周の旅の途中だった。「トルストイの絶対的無抵抗主義、非戦論及び世界人類主義」に傾倒していた田中は、トルストイの評伝を書いている蘆花に親近感を寄せて、他の一高卒業生とともに会見に臨んだ。

蘆花先生が私を親切に対応してくれたのにかかわらず、私の期待は裏切られた。私は世界同胞主義の立場から、大戦後各国における民族主義の勃興を遺憾とし、人口の比較的希薄な各国はその国境を撤廃して、人種及び国籍の如何《いかん》を問わないで、自由な移住を認めなければならぬことを主張し、英国人の民族的傲慢《ごうまん》を批判した。これに対し蘆花は、ある民族がそれぞれの場所に定住するのは、神の意図に基き、それが自然なのであり、祖国を離れて他に移住することは、神の意図に反するという趣旨から私に反対されたのであった。

（「欧米遊学中の思い出」）

のちの『世界法の理論』に表れる田中の国際主義的な発想がほの見える。これに反対した蘆花の側は次のような記録を残している。

日本にあって、他にないものは何？私はまた其《その》謎を今夜の諸君にかけた。これは私自身に解けない謎であったからだ。而《しこう》して如何しても解きたく思うたからだ。……（中略）……或人は何も無いと云うた。それでは日本は亡びてもよい道理だ。或人は万世一系の皇室と云うた。成程此《なるほどこれ》は無類の面目だ。或ものは手先が器用な事だと云うた。これも嘘ではない。

（「日本から日本へ」）

ここで「何も無い」と言ったのは、いかにも田中らしい応答である。のちに日本「固有」の法の研究会を組織すると司法官僚に聞かされた田中は即座に「日本に固有法などない」と断言している（『鹽野季彦《しおのすえひこ》回顧録』）。その一件の前触れのような田中と蘆花とのやりとりと読める。

イギリス人の生活には納得できなかったとしても、田中のヨーロッパ文化との本格的な出会いはこのロンドンで始まった。ナショナルギャラリーで名画を堪能し、コンサートホールに通いつつ、田中は三〇歳を超えていながらピアノのレッスンを受けた。この趣味としてのピアノ演奏は生涯かけて田中の日課となったのである。

フランス、ドイツへ

イギリス社会の雰囲気になじまない田中は、フランスに一年間滞在した。当初はドイツに行く予定だったが、第一次世界大戦の敗戦で旧敵国の日本への感情がよくないため留学先をフランスに変えていた。もっぱらパリに滞在した田中は、ここで一高時代の級友大沢章に再会し、フランス、イタリア旅行をともにしている。さらにその後の田中はイタリアに一年間滞在した。一九二一年一〇月から一一月にかけては、ギリシャからエジプト、パレスチナとエルサレムを訪れている。

一九二二年二月から田中はドイツに入り、先述した石川鉄雄とともに旅をしつつ、ベルリンに至った。そこで田中は、新カント派の法哲学者でベルリン大学教授のルドルフ・シュタムラーからの個人講義を二ヵ月にわたって受けている。「私は法学についての興味を全く失ったわけではない。法哲学はつねに私を引きつけていた。私にとってクリスト教的信仰――というのは個人主義的、主観主義的の――と法との関係が問題になってこざるをえない」と田中は回顧したが（「法学」）、信仰との関わりで、法哲学への関心が持続していた。シュタムラーの講義は留学期間の最後であり、欧米を見て回った田中にとって留学を締めくくる聴講とでもいうべきものだった。

講義の中で、シュタムラーはちょうどこの時期に公刊した『法哲学教科書（*Lehrbuch der Rechtsphilosophie*）』を「此の名に値する唯一の体系的教科書」と田中に語った。田中の講義ノートを見ると、構成はこの『法哲学教科書』にならっている。ノートには一九二二年三月から四月にかけての一〇回分の講義が記されている（『田中耕太郎関係文書』第一部一25）。

ここでは、法哲学体系の概説として、（一）法の概念、（二）法の生成、（三）法の理念、（四）法学方法論、（五）法の裁判・政治での実践、（六）人類の歴史としている。田中は、社会主義とマルクスの説明についても、のちにこの講義から触発されたというほど、克明に記録していた（『私の履歴書』・「法学」）。

しかし、商法との関係も無視できない。帰国後すぐに田中が執筆した商法学総論についての論文「商法学の任務」では、シュタムラーの『法哲学教科書』を引いて、手形法の強行法的性格が、裁判官の自由裁量の制限を表しているを述べているが、講義で詳細に説明されているくだりである。新カント派を代表する法哲学体系について、シュタムラーから直接解説を聴き取ったことは、田中の法哲学のみならず商法にも大きな影響を及ぼしていた。

こうして田中は、三年間の留学生活の中で、法学を学び、かつパレスチナでキリスト教を、イタリア、フランスで美術を、ドイツで音楽を再発見した。遺跡、美術品、演奏会に直接触れることで、西洋の古典作品をいわば五感で体験したのである。

帰国後、田中はベートーヴェン百年祭を記念する論集『ベートーヴェン研究　ベートーヴェン百年祭記念出版』に「ベートーヴェンの音楽の我等民衆に対する意義」を寄稿した。ベートーヴェンの死後一〇〇年にあたる一九二七年、連続演奏会を中心とする「ベートーヴェン百年祭記念事業」が催され、その一環として文集も編集されたのである。

他の論説は文学論、音楽論であったが、田中の論説は、ベートーヴェンの伝記と楽曲解説を渉猟《しょうりょう》しながら、代表的な交響曲とピアノ曲、ミサ曲を論じ、さらに、フランス革命をくぐりぬけた社会変動の中で、ベートーヴェンの音楽が放つ力を説いている。「欧州大戦後忽《たちま》ち富裕になり物質化した日本、地震後精神的に殊《こと》に荒寥索寞たる東京の公衆」にベートーヴェンが浸透している事態を賞賛し、それは「奢侈《しゃし》的芸術」ではなく、「一つの重大なる労作であり進んでは其れ自身一つの学問であり且《か》つ人間を作ることである」と説くきわめて異色なものだった。

音楽を介して田中と深く交わった政治思想史学者の丸山真男は、「音楽専門家以外の人の書いた音楽論」としては小林秀雄のモーツァルト論に「匹敵するすばらしいベートーヴェン論」だと述べている（『人と業績』）。

田中は第九番の交響曲を「滞欧三年間この曲を聴いたこと二十回にも及んだ」と述べており（『音楽と人生』）、旧式レコードの時代に実演を豊富に聴くという稀な経験を得た。丸山の評価は、田中がこうした経験の上に立ちつつ、音楽論に閉じこもらない歴史的・社会的文脈を見据えていた点にあったのだろう。

3　商法学の構築の中で——内村鑑三との絶縁、カトリック受洗

手形法の「技術的性格」

一九二二年六月に田中は帰国した。帰国の挨拶のために商法講座の教授だった岡野敬次郎を訪問すると、岡野は商法についてではなく「ピアノはどうかね」と尋ねたという。商法講座の前任だった松本烝治は「田中君は商法のことは何も知らんよ」と言ったという噂が田中の耳に入ってきた。これらは解釈法学中心の東大商法学と、田中が留学で得たものとの違いを雄弁に語っている。

とはいえ、田中の帰国直前に岡野は、加藤友三郎内閣の司法相に就任し、東京帝大を辞職した。ここで田中は岡野の講座の後任となり、翌一九二三年に教授に昇任し、商法の講義を本格

道徳を示す「道」，技術を示す「技」を架橋するように「nuance」の文字がある　『手形法講義案摘要』遡求権の講義案メモより

的に担当する。当初の講義は手形法だった。学部学生時代にシュテルンベルクから手形法の講義を受けていた田中は、ここに従来の法解釈学的な手形法とは異なる解釈を編み出した。それは同年に出版したとされる『手形法講義案摘要』に表れている。

名古屋大学法学部図書室が所蔵する『手形法講義案摘要』は、田中の蔵書であり、開くと左頁に講義案が印刷され、右頁が白紙として書き込みができるようになっている。講義案は現在で言えばやや詳細な授業レジュメに近い簡潔な記述だが、この版は、田中自身による講義内容を補充する書き込みがある貴重な一冊である。

田中は手形法の魅力を「手形関係の立体的構成」を着想したときに感じたと述べている（『私の履歴書』）。「手形関係」とは、伝統的に商法学が振出・引受・裏書など手形に関する法律行為を「手形行為」として議論してきたのに対して、これらを全体として捉える概念枠組みである。それは支払という目的に向かって発展する「諸行為を一括して相互に有機的に結合」させた私法関係であり、別個の人格間の法律関係を規律する一般私法とは異なる原理が働いているものだとする（「手形関係の本質」『商法学　特殊問題　中』）。そこに現れるのは「技術的性格」である。

この「技術」の意味について、『手形法講義案摘要』の書き込みの中では、手形が振出人から支払われなかったときに裏書人に支払を求める権利である遡求権《そきゅうけん》の項目で、右図に示されているように、「道徳」との対比の中で論じられている。「手形関係が論理的に出来ているの一の証拠なり。遡求権の制度は何《いず》れの立法例にも存するところなり。かかる場合においては正義なる法則はかげをひそめ便宜の一点張りなり。法律の技術的 technik のものの中、商法は技術的のものなるが之《これ》は殊に然るもの也。法律の発達は道徳的色彩の強きものより技術的になる傾向を持つ」(『手形法講義案摘要』)。

手形関係の究極の目的は「支払」である。それが果たされないときにこれを補う「遡求権」において、道徳から技術へと向かうニュアンス(nuance)に満ちた場があるとする。のちに田中独自の「手形関係」について詳述した論文「手形関係の本質」でも、手形関係の到達点である「支払」という目的が達せられない場合、この遡求権という制度が用意されていることについて、田中は繰り返し強調している。

このように手形法の分野で「技術」に着目することにより、田中は、技術と道徳ないしは「倫理」との対の関係の中で、社会の様々な局面における「技術」を論ずる視角を作り上げていった。これはのちの田中にとり思考の核になっていく。

「商的色彩」による商法学の「独立」

手形法に引き続き、一九二五年に『商法総論概要』、二六年に『会社法概論』、二七年に『保険法講義要領』を出版した田中は、商法の分野を広く包み込んだ体系の基礎を構築した。その中でも特に重要なのが、『商法総論概要』である。この時期の論文の趣旨を採録し、田中自身の商法学観が明確に打ち出されているからである。

田中にとって商法学の最大の課題は、一般私法学とりわけ民法学からの「独立」であった。経済的行為を規律する商法は、歴史は古いものの、私的領域を規律する基本的な法律である民法からみるとその特例であり、いわば下位に位置づけられてきた。そこから、商法学が民法学の一部となるか、それとも独立した学問分野となるかが問われたのである。

一九二三年、田中による最初の商法総論についての論文「商法の基本観念を定むる必要に就《つい》て」は、「商法の独立性の積極的なる基礎付け」を探究し、そのための商法総論の必要性を説いた（『商法学　一般理論』）。つまり「商法学が一般私法学から独立して成り立ち得るものか否かは、商法に関し体系的総合的認識が可能であるか否かにより定まる」という（『商法総論概要』）。

田中は「体系的総合的認識」に接近するため、もう一度各論に戻る。つまり、手形関係によって構成される手形法の体系を会社法と比較する。手形法では、従来は手形理論が手形法の根本的原理とされてきた。だが田中は、手形法全体を貫く原理・精神は手形理論ではなく、たとえば手形行為が支払を目的とする極端な形式主義であるように、定型的である点に見た。対して会社法では、会社に組合的性質を持つものと法人格を持つものとがあるため、会社法全体を貫く総則は実質的にないと従来は捉えてきた。しかし田中は、会社法の原理・精神は組合的性質や法人格の有無とは別に存在すると力説する（「商法学の任務」『商法学　一般理論』）。

もちろん、手形法と会社法は元来性質を異にする。手形法は契約などの行為に関わる法律であり、会社法は団体に関わる法律だからである。そもそも商法は、商行為法・会社法・手形小切手法・海商法に分かれるが、いずれも沿革の異なる別個の法律であり、それらを単に「商法」と便宜的に束ねているに過ぎない。解釈論は、実務の要請から精緻に発達しつつあるが、そこに「統一性」を見出すという課題に応えるものではない。だが田中は「商法が纏《まとま》った全体として一つの学の対象となるならば、其統一性は基礎たる生活事実である経済自体から導き出されなければならぬ」と主張する（『商法総論概要』）。

この基礎たる生活事実とは何だろうか。田中は三つの特質を引き出した。

一つには、商行為の特性に基づいて協力関係を作り出すことである。二つには、当事者の個性が重要視されないことである。三つには、当事者が自由に取り決めるのではなく、法律が一律に定めた規則としての強行規定の性質が強いことである。こうした「商法的なるもの」が、手形法と会社法の二つの法体系に共通して見出せるというのである。

田中はこうして、商法の「統一性」を編み出す。商法は私法の一部だが、私法の一般的な規定を、商的価値によって「目的論的に着色」させられている。つまり「商的色彩」を帯びている。この「商的色彩」を帯びた規定を具体的に観察すると、個々の法分野を超えて、協力的、無個性的、強行規定的といった性質を抽出できる。こうして商法の各制度・各規定の中に「沈潜」することによって、制度・規定を「統一」する「商法的なるもの」が発見される。「初めに抽象的なる原理に就《つい》て思索し、統一的概念を求むるよりも、寧《むし》ろ具体的なる対象を捉えて、之れを丹念に凝視し分析し、漸《ぜん》次《じ》抽象的原理の発見に及ぶ」方法をとったことで、「商的色彩」を帯びた規範の束という統一性を導き出せる（「商法学の任務」）。

田中は、こうして各論を分析しながら、商法の「統一性」を発見し、民法からの商法の「独立」を見出した。当時は、一九一一年に制定されたスイス債務法が民法と商法を統一する法典編纂であったように、民商二法統一論が内外で主張されていた。日本での主唱者は、東京帝大で商法講座を岡野と並んで担当していた松本烝治だった。田中は「商的色彩」論を基礎にして、この通説的な見解に真っ向から反対したのである。

田中以前の商法学者が、民法の概念を出発点として、その特別法としての商法の個々の条文を解釈する傾向があったのに対して、田中は商法独自の概念構成による解釈を主張することで、以後の商法学の基礎を築く。もっとも、「商的色彩」論でいう協力的・無個性的・強行規定的といった要素がすべての商法の条文に当てはまるわけではなく濃淡がある。したがって、「商的色彩」とは、商法全体にわたって隈《くま》なく解釈論の指針になるとは言えず、むしろ商法の「統一性」を認識するための道具概念だった。

関東大震災のあと

ところが、帰国翌年の一九二三年九月、関東大震災が東京を襲う。東京帝大も法学部研究棟をはじめ図書館など、キャンパスの主たる建物が灰燼《かいじん》に帰した。

震災は多くの人々の運命を変えていく。田中の場合は失恋と結婚であり、内村との絶縁であった。

田中は、研究者に転身する原動力となり、のちの回顧で「妖精」と記した女性から、留学前に婚約を破棄されていた。だが、帰国後も田中は思いを募らせ、再び自分の元に帰ってくるのではと、親しい学生にその思慕を打ち明けてもいた。ところが、震災後に「妖精」は別のある学生と結婚して東京を離れ、田中はあきらめざるを得なかった。この「妖精」は、性格は明朗で話し好きだが、感情の起伏が激しく、田中の芸術に向かう心情に近かった。

一九二四年七月に田中は、松本烝治の長女峰子と結婚する。松本は南満州鉄道株式会社の理事に就いていたが、その満鉄に、

田中と妻峰子

ヨーロッパ留学時に深く交流した石川鉄雄が四高から転職したことが、二人を結びつける機縁となった。一四歳差の二人の結婚に難色を示した松本には、田中が心情を語った手紙を送り説得した。この結婚は、師が娘を弟子に嫁がせるものではなかったのである。

田中は、松本の民商統一論に真っ向から反対したように、松本とはまったく商法観が異なっていた。自身「私は学風において先生とちがった方向にぐんぐんいってしまった。先生が自信を以《もっ》て主張されていた学説に楯《たて》をつかなければならないことが再三でなかった」と振り返っている（「松本烝治先生の思い出」『御殿場』記念号）。

松本は頭の回転が速く、法律解釈論で議論の相手を論破することを大きな楽しみとしていた。だが、田中は慎重に思考し、現実に即した法律解釈論を構想しようとし続けた点で、松本のように明快な解釈論を展開してはいない。肌合いの異なる二人が峰子を介して親族となったことで、田中と松本の間には緊張関係が続いた。

田中の主張する商的色彩論は松本にとっては「苦々しいもの」であり、松本は田中向けにケース・メソッドの法律問題を話題とし、こうした咄嗟《とっさ》の法律論争を必ずしも得意としない田中の返答を、要領を得ないものとしておかしがった。人を試す質問を矢継ぎ早に出す松本について、田中の弟子で商法学者の鈴木竹雄は「メンタル・テスト」と呼んでいた（『幾山河』）。当の田中は「父が種あかしをすると心から楽しげに笑い声を立てていた」と峰子の弟で哲学者となった松本正夫は回顧する（「義兄、田中耕太郎の憶い出」『人と業績』）。元来打たれ強い田中の

松本家と田中　前列左から松本烝治，松本千，田中峰子．後列右から２人目が田中

側が、譲ってみせた面もあったのであろう。

松本家は、一族で夏に御殿場の別荘で過ごすことが恒例で、文集『御殿場』を折に触れて編集し、これにそれぞれが寄稿していた。松本烝治の妻千が経済学者で慶應義塾長となる小泉信三と姉弟であることから、田中はごく自然に小泉家とも親しむようになった。松本家の親族となることで、田中の交際範囲は広がりと深みを見せるようになる。

松本と田中の二人は、商法改正問題、司法省の日本固有法研究会設置問題、そして太平洋戦争後の日本国憲法制定の際に、それぞれの立場と見解をもとに協力することとなる。また小泉と田中は、太平洋戦争後に昭和天皇や皇太子を囲む知識人グループの一員となり、象徴天皇制へと転換した戦後の皇室の制度化をともに支えた。田中と峰子との結婚は、とりわけ戦後において日本国憲法の実質を作り上げる知識人たちをより強く結束させる効果を持っていた。

内村鑑三との決裂

峰子は、「信心深く聡明で理知的で平静」であり（前野茂「田中耕太郎先生の思い出」『人と業績』）、結婚後『三田文学』に小説を寄稿し、音楽ではフランス音楽を好み、のちに住まいをアトリエにして水彩画や油絵を描くなど芸術的感性も豊かだった。戦後は、カトリックの雑誌を中心に宗教に関わるエッセイを多数寄稿し、本にまとめてもいる（『花くらべ』）。

だが、松本の娘として東京で生活を送った峰子は、田中と気質がかなり異なった。田中は、峰子について「都会育ちの機微なアレグロな性格は、幼時を地方の都会で過ごした私の、考え込むアダジオな傾向にピッチを合わせることは困難」であったようだと観察していた（「妻の肖像」『婦人公論』一九四九年一一月号）。音楽用語で速いテンポの「アレグロ」の峰子と、ゆったりとしたテンポの「アダージョ」を持ち味とする田中とは、ある意味では隔絶していたというのである。

だが二人は、その違いを受け入れつつ共通の話題について語り合うことができた。芸術がその一つであり、もう一つは信仰だった。峰子は、母が聖公会の熱心な信者だったが、結婚を機に元来強く希望していたカトリックに入信する。以後の峰子はさらに信仰を深め、田中の没後は修道院に入る。峰子が、カトリックに入信するには、松本家とりわけ母から離れなければならず、結婚は絶好の機会だった。

かたや田中は、峰子と結婚した時点では信仰に迷いがあった。元来、田中は留学前から内村鑑三に共鳴する無教会派であったが、内村と決裂していたからである。

帰国後、当初の田中は、留学前と同じく、内村とともに信仰の道を歩んだ。たとえば一九二二年一〇月には内村の講演会の場で、内村に先立って「律法の成就」と題する講演を行った（「内村鑑三日記」22・10・1）。これは翌月の内村が編集・発行する『聖書之研究』に掲載された。

内村とともに講演の席に立ち、この雑誌に田中の講演が掲載されたことは、田中自身にも自らと内村との紐帯を強く意識させるものだった。さらに翌一九二三年三月に田中は、内村の主宰する帰朝歓迎会に金井清、矢内原忠雄とともに出席している。内村は「彼等の深き信仰眼を以てせる欧米視察談を聞いて一同大に教えられ、感動せしめられた」と三人への信頼を熱く記している（「内村鑑三日記」23・3・2）。

田中が内村に感じていたのは、その信仰と同時に、人間的な「痛快さ」であり、その「肺腑《はいふ》をえぐる」言葉だった（『生きて来た道』）。それは一高時代のドイツ語教師の岩元禎に見た姿と通じていた。だが、岩元との間では、田中が商法学者という独自の道を歩むことで、距離を置いた交わりを保ち得たのに対して、内村との間で育んだ人格の奥深い交流では、内村自身がたえず信徒との間で衝突を重ねていた以上、一触即発の危機をはらんでいた。

それが現れたのは、ヨーロッパ留学時にともに旅を続けた石川鉄雄を内村が破門した事件である。石川が既婚者と恋に落ち、その離婚成立後に結婚することとしたが、内村は断固その結婚を認めなかったのである。田中は親友の結婚で媒酌まで務めた関係であり、これに納得することができなかった。田中は、日頃の内村が弟子や子供など身内を慈しむあまり周囲に冷淡な態度をとるような、やや狭量ともとれる振る舞いに及ぶことについての疑問をこめて内村に質問状を送ったが、その逆鱗《げきりん》に触れ、出入りを禁じられたのである。これについて峰子は、「内村先生に対するあなたの態度をみていると、とても内村式ね。結局内村先生に教えられた戦法で闘ったようなものね」と言い当てている（『生きて来た道』）。

批評家の若松英輔は、田中が内村と彼を囲む信者たちの「祈りの態度」に疑問を持っていたという発言に着目している（『吉満義彦』）。日曜に行われる内村による聖書講義の前に信者たちは祈禱をするが、その際に演説会のようにそれぞれが内面を打ち明けあう。「一種の霊に憑《つ》かれたような気分」になるというのである。田中は、こうした振る舞いに次第に疑問を募らせた。祈禱とは人間の思いを神と信者に向かって放つことではなく、自身の「自然な気持の発露」であり、神との静かな対話の時間であるという考えにたどりつく（「アメリカより帰りて」）。

また、内村が信仰に専心し、それによる救霊をきわめて重視したのに対して、田中自身は、信者が個人さらには集団として努力するという何らかの善行が必要だと感じ始めていた。特に留学先で入手したウラジーミル・ソロヴィヨフの著作から、救霊を、個人の信仰ではなくキリスト教会の発展として捉える視角にも刺激を受けていた（『私の履歴書』）。

かつて田中が内村に求めたものは、神と信者との間にいかなる権威もない直接の関係だったが、内村にも、また彼を囲む信者のあり方にも、田中は疑念を感じ始めた。のちに田中は、個人主義にも団体主義にも満足できず、その不満が田中を「カトリックに導いた契機であった」と振り返る。ここから田中は「個人にも団体にも帰することができない、客観的に存在する倫理的価値つまり自然法を承認する立場」を深く深く希求していく（「法学」）。こうして得られた自然法を軸に信仰を捉え、信者と教会の関係を受け入れていくのである。

カトリックへの道

内村のもとから離れた田中は、峰子がカトリックに入信してから、しばらく時を置いて一九二六年四月に受洗した。田中は明確には述べていないが、カトリックへの信仰は、峰子によって強められたと見るべきであろう。峰子は、田中の信仰についてこう述べている。

> 耕太郎は理性によって信仰生活をつゞけていると、第三者には見えぬかも知れませんが、わたくしにはそう見えます。それが第一義と思います。（『生きて来た道』）

信仰生活は感情によって続けるべきではないという文脈の上での発言である。ここで重要なのは、峰子が周囲から見て田中が感情によって信仰を続けていると捉えられがちだとしていることである。つまりは、内村のもとにいた田中の信仰は感情に基づいていた。本来信仰は理性によるべきであり、田中も理性に基づいた信仰へと変わってきているという峰子の思いが、ここにはこめられている。

田中自身、宗教に関して「感傷主義と浪漫主義とが正道でないこと、私は結婚生活から教えられた。主観主義と自己中心主義との残滓《ざんし》を、カトリックへの改宗後においても、一挙にして払拭《ふっしょく》することは容易ならぬわざであった」と振り返っている(「妻の肖像」)。田中は峰子との生活の中で、信仰の基礎に理性を置くことを絶えず考えさせられていく。

峰子の発言は、田中の一高時代の友人で詩人であり、外務省を退職後、田中夫妻と家族ぐるみのつきあいを続けていた柳沢健を前に、田中夫妻が語りあった鼎談の一節である(『印度洋の黄昏 柳澤健遺稿集』)。こと信仰については、独自に深めていく峰子は田中と対等に発言し、田中もその考えを尊重していた。「理知的で平静」な峰子だからこそ、田中によるカトリックの信仰の源に田中の理性を見出したのである。

田中の受洗の際に、代父となったのは岩下壮一である。岩下は、経営者岩下清周の子であるが、大正・昭和期の代表的な神学者であり、ハンセン病患者のために病院を設立・経営するという社会事業も同時に手がけていた。岩下は、『カトリック新聞』を刊行し、日本のキリスト教界では少数派であったカトリックの伝道に精力的だった。

田中が内村から離れると、のちにカトリックの神学者となる吉満義彦、司法省に入省し行刑学の専門家となる中尾文策や、田中とともにキューゲルゲンを訳し九州帝大で国際法を研究する大沢章など、東京帝大出身の信徒が次々と内村から去り、岩下との親交を深めてカトリックに改宗していく。田中は、こうした人々の先輩格として主導的役割を果たす。田中の改宗はカトリックの側にとっては大きな転換をもたらした。

岩下は、プロテスタントとりわけ内村とその後継者たちの無教会派を鋭く批判し続け、無教会派の側もこれを強く警戒した。特に一九二八年には、戦前の代表的なカトリックとプロテスタントの論争として、教会の存在の是非や、無教会派の個人主義が恣意的かどうかなどをめぐって「岩下・塚本論争」が交わされた。この塚本こそ、田中が一高・東京帝大学生時代に親しんでいた塚本虎二である。内村に批判的だった田中は、今度は岩下と深く結んで、内村や塚本らに批判的な姿勢をとり続けた。

岩下による伝道の構想の一つは、各大学に学生・教員を会員とするカトリック研究会を設立することだった。田中の改宗後ほどなく東京帝国大学カトリック研究会が設立され、田中はその会長に就いた。初期の頃の講師はおおむね岩下だったが、次第に多様な話し手となっていく。田中も一九四一年から四三年にかけてトマス・アクィナスの自然法論について、講演を行っている。

こうして田中は、学生時代からの法学への懐疑を次第に克服し、十分に没入できなかった商法学の体系化を図り、結婚を経てカトリックに入信した。手形法の講義から始まり、「商的色彩」をもとにした商法総論の構築は、主観主義の清算と並行する過程であった。商法の民法からの独立の理論的基礎を固め、その「統一性」を編み出す過程は、そのまま内村の影響からの離脱であった。

その結果、田中が問いかけたのは、宗教と法、宗教と国家、なかんずく教会と国家の関係づけである。田中は、岩下の紹介で一九二七年一月に『法と宗教と社会生活』を出版した。この執筆を通じて、田中は、法と法学のみならず、宗教と「社会生活」の関係も論じようとした。商法学への「感激」にとどまらず、国家とこれを包む社会を論じようとしたのである。

第3章　技術・自然法・世界法――三つの視角を絡ませて

千葉県我孫子の新居

結婚後、田中と峰子は千葉県我孫子《あびこ》で新婚生活を始めた。田中は、のちに民芸運動の担い手となる柳宗悦が自ら設計した邸宅の離れを購入し、独居生活を営んでいたが、結婚を機に母屋も借り受ける。郊外に住んだのは、関東大震災の影響であろう。田中は一九二九年に目白に転居し、そこで人生の終焉を迎えるが、田中夫妻にとって我孫子は、研究と家庭の基礎を築く思い出の場となった。

我孫子は東京にほど近い別荘地であり、志賀直哉、武者小路実篤、柳宗悦などの白樺派の文人がここに集い住んだ。柳の手による離れと母屋は、手賀沼に面した丘の上にあった。田中は白樺派では中勘助や東京朝日新聞社の杉村楚人冠らと交流し、また学生たちも田中のもとを訪れた。大蔵省に入省した野田卯一、裁判官となる松田二郎などがここでたびたび歓談したという。離れは、母屋とは別に近くの林の中にあり、田中はそこを書斎として研究に専念した。

この時期に東京帝大法学部研究室で政治史を専攻することとなった岡義武は、田中に招かれて我孫子を訪れている。山県有朋や近衛文麿の評伝で邸宅の叙述に意を用いた岡は、このときを振り返って、「四辺は物音もせず、窓からは木の間越しに沼が銀色に光」って見えるような書斎だったと描いている（「我孫子の田中先生」『人と業績』）。

そうした充実した生活の中で田中が発表した一般向けの著作が、『法と宗教と社会生活』（一九二七年）である。この著書で田中は無教会派の時代を振り返り「主観主義的の心持から法及び法学に対し消極的の意義の外《ほか》に認められないで長い間苦しんだ」と吐露する。「此処《ここ》三四年来の信仰の転換」とともに、法と法学に「積極的意味」を認めるようになった田中には、カトリックへの改宗をきっかけに、宗教と法学の関係をまとめなおす意識が強くなっていた。

また、第一高等学校で英語を主たる外国語とする英法で、法学通論を担当することになり、イギリスの法哲学関連の本を教材とする中、田中は、以前にも増して法哲学への関心を強めた。シュタインベルクやシュタムラーから法哲学を吸収していた田中は、宗教と法との関係を法哲学の観点から考察していく。

以後も田中は商法学についての研究と教育に従事するかたわら、宗教と法哲学についても著作を発表する。それらの著作は学術論文の形をとるものもあったが、カトリックの立場から同時代の事件に対する批評の形で新聞や雑誌に寄稿したものも多かった。

そして、田中は一九二九年に博士号を取得し、その論文を磨きあげ、三二年から三四年にかけて大著『世界法の理論』を刊行するが、これは法哲学の書でもあり、商法学の延長でもあり、随所に社会問題への批評的な言説を収めた作品でもあった。並行して、田中は、カトリックの立場からの社会問題への批評的論説を量産し、著書『教養と文化の基礎』（一九三七年）にまとめている。

こうして、田中は、商法学者の枠を越えて、幅広い社会問題について発言する代表的な論壇人ともなっていった。

宗教論と法哲学を基礎に

『法と宗教と社会生活』『世界法の理論』『教養と文化の基礎』の三作には、宗教論と法哲学を基礎にした田中の知的活動のエッセンスが凝縮している。それらは、教育論、家族論、文化論、芸術論、裁判論など幅広い題材を取り上げているが、通読すると、田中の一貫した思考の熟成の過程を見て取ることができる。

それらを通じて田中は、技術、自然法、世界法の三つの視角を個々に取り上げ、組み合わせて論じていく。そのときどきの素材から、技術論を通じ同時代の趨勢《すうせい》に目を向け、自然法を通じ歴史を掘り下げ、世界法を通じ地球規模の課題へと議論を展開する。そして、この三つの視角を絡ませつつ、戦中の大学行政、戦後の文部省での立法作業、最高裁判所・国際司法裁判所での法廷での活動を推し進めたのである。

前章で触れたように、田中は法には技術と道徳の二つの要素があると捉えていた。この技術が技術論一般へと拡張され、道徳はその普遍的な形態である自然法によって体系化されていく。さらに地球規模で捉えれば、技術の汎用性と自然法の普遍性とに基づいて、各国個別の法が統一していき、究極的には世界法へと至る。一方で、手形法など各国の技術的な法が条約を通じて、徐々に統一されていく中で、世界法の形式が整えられる。他方で、人類にとって普遍的な法原理である自然法論は、こうした世界法の実質を支えるものだった。

「商法は自然法と相まって私を『世界法』の考察へ導いた」(「法学」)と田中は振り返るが、商法すなわち技術と自然法との二つは、世界法を構想するために不可欠だった。

以下、技術、自然法、世界法という田中の三つの視角がどう結びついていったかを跡付けていきたい。

1　法も技術の一つである

法における技術の価値

一九二七年に刊行した『法と宗教と社会生活』で、田中は、法律学が宗教を主題としないことに強く異を唱えていた。前半では法と宗教との関係を論じ、後半では宗教とそれを規制する国家との関係について論を進める。ここで注目したいのは後半部分である。

教会も国家も共同体として倫理性と技術性を持ち、教会が最高度の倫理性によって国家を導くのに対し、国家は文化の実現という独自の倫理性を追究すると、田中は捉える。ここで田中が批判する対象は、田中がかつて研究室に入る前に読み込んだ『ローマ法提要』の著者ルドルフ・ゾームの教会法論である。

ゾームは、「法は教会の本質と矛盾する」という命題を掲げ、現世の秩序である国家と調和する法は、神の秩序である教会と対立し、教会の組織や手続を定めた教会法は、現世の秩序と神の秩序という二つの対立する要素を抱え込んでいると見た。

これに対し田中は、法の技術的性質は教会秩序を支えるもので、これと矛盾するものではないとする。ゾームは法の倫理的性格のみを見て、技術的性格を見落としたというのである。すなわち、教会法と国家法は、ともにこの「技術的性質」を共有するからこそ、「相似」・「シンメトリー」の関係に立つとする。

教会も国家も、一方で人間性の現実を考量し、他方で最高の理想を掲げ、できもしないことを強制することなく、漸進的に理想へ近づこうとしている。教会が理想の炬火《きょか》を掲げて、国家はこれに従うという段階的な関係に立つ。そこにはゾームの言う矛盾はなく、調和がある。

ところが、この教会と国家の矛盾を際立たせたのが、当時帝国議会で審議されていた宗教法案であった。

『法と宗教と社会生活』が出版される前年の一九二六年五月、文部省は宗教制度調査会を設置し審議を進め、翌二七年に宗教法案を作成し帝国議会に提出していた。結局は両院の合意を得られなかったが、一九二六年から二七年にかけて、キリスト教界を中心に強い抗議の声が上がっていた。

田中は若いカトリックの信者による政治批評として、『東京朝日新聞』（一九二六年八月二〜五日）に反対論を連載している。そして、『法と宗教と社会生活』で、さらに拡張し論じていた。その眼目は、宗教団体を国家が指定するという制度への批判である。田中はすべての宗教について布教と信仰の自由が必須であるとし、警察法規に触れない限り宗教団体は一様に保護されるべきであり、神社を国家的な宗教に準じて扱う慣行を厳しく批判した。

また、田中は教会と国家との関係性を技術を媒介に調和させる視点が、独創的なものであることを十分自覚していた。のちに田中は、技術と法の関係について概説する中で、「従来法学者によってあまり思索されていなかった」主題と述べている（『法律学概論』）。一九三〇年代の満州事変後から、戸坂潤・三木清・中井正一らにより思想界で「技術」が話題となり始めるが、田中の着目は先駆的である。

これまでの田中耕太郎研究は、もっぱら思想史・宗教史からのものであり、その倫理性こそが主たる対象であった。ケヴィン・ドークは、カトリック思想家としての田中を強調するため、「技術」に言及するものの、「倫理」としての法に大きな関心を注いでいる（*Tanaka Kōtarō and World Law*）。また、商法学で田中を扱う場合は、ことさらに技術性を論じるまでもなく、条文の解釈そのものが取り上げられる。だが、田中が手形法に見出した技術性は、一方では法制度一般へ、他方では司法官論、大学論という具体的な分野へと拡張されていく。技術としての法と倫理としての法とを対置することによって、田中は幅広く同時代の新しい現象を論じる視角を手にしたのである。

前章で見たように、田中は手形法で遡求権を論じる際に、すでに技術と道徳の間に法律を彩る領域があることを指摘していた。『手形法講義摘要』で書き入れた図では、技術と道徳の間は「厚薄」がある領域だった。

それをより明確に表したものが、一九三一年から七回に分けて刊行した『法律学概論』である。ここで田中は、法における技術と倫理をこう対置した。第一に、倫理的な法は普遍性を持つが、技術的な法は技術の持つ目的への適合性がその基礎となる。第二に、倫理的な法の違反は、正義に背くものであり、制裁の主体は協同体と社会であるが、技術的な法の違反は、単なる形式的な法違反であり、その制裁の主体は法を制定した国家である。第三に、倫理的な法は慣習と自然法に宿るが、技術的な法はもっぱら成文法すなわち実定法の中にある。田中によれば一方では、科学技術を典型とする様々な技術とその技術標準の一部が、もっぱら行政関連の法律の一部となる。他方では、法自体も、様々な技術の一つとして捉えられる。つまり、法の中に技術があり、法もまた技術の一つだというのである。

司法官の役割とは

ただし、技術は法を通じ社会変化を促す能動的な役割を果たす一方で、法解釈技術は社会の現実から遊離した形式論に陥ることもある。法の中には、時代の変化に適応する技術と、時代から取り残されて批判されるべき技術とがあった。

この法における技術の二面性に直面したのが、一九二〇年代半ば政党内閣時代以降の裁判官・検察官といった司法官たちである。頻発した疑獄事件、国粋主義者が政財界に企てた暗殺事件、美濃部達吉の天皇機関説事件、検察の犯罪捏造となった帝人事件など、新聞紙面を騒がせた政治事件が次々に司法の場に持ちこまれ、裁判そのものが政治事件となりつつあった。田中は総合雑誌や専門誌上で司法官の技術的性格について論じ、その独立性を脅かす政治に対して警鐘を鳴らす。

「司法官論」(『改造』一九三〇年四月号)は、田中が最初に裁判官のあり方についてまとめた小論である。憲政の常道のもと政友会と民政党との間で政権の授受が続けられていたこの時期、疑獄事件が頻発し、政治裁判が耳目を引いていた。

田中は、司法官とは与えられた法律原理を問題となっている具体的な事案に適用する「技術家」だと見る。この技術はきわめて高度かつ複雑であるにもかかわらず、その技術性は人々の生活の機微に触れることがなく、人々は司法官に敬意を払おうとしない。司法官に必要なのは、社会問題が複雑化する中で、一層多くの法律事実への理解を広げることであり、技術者特有の形式論理や冷ややかさと人々に受け止められないよう、正義への情熱を静かに燃やすことが求められるとした。

そして二・二六事件後の一九三七年には、田中は「司法官の使命と其の限界」を司法官向けの雑誌『法曹会雑誌』に寄稿している。

田中は司法官と同じ法律専門家の立場から、司法権の独立という制度原理を正面から取り上げ、司法官は外部からの干渉に受動的態度をとりつつ、司法権の独立を主張すべきと述べる。大学の自治や統帥権の独立も同様であり、分化した国家機能が専門技術的性質を帯びるときは、それぞれの分野でこうした受動的態度をとることこそが望ましいとした。

ただし、政治的干渉が強まりかねない状況では、司法官は単なる技術家にとどまらず、世界観を持つべきであり、それは司法官の活動に真の意味での生命を与えるものではあるが、政治的イデオロギーによって左右される性質のものであってはならないと強調した。

田中は次第に厳しくなる政治情勢の中、法の技術的性格に基づき司法の独立性を擁護しようとしていた。

2　自然法は実定法の中に隈なくある

田中の自然法論——法哲学の探究

法と技術の関係と並んで、田中は法と倫理の関係性を探究していく。その原点は宗教と法との関係の哲学的考察である。先述した『法と宗教と社会生活』（一九二七年）から、田中は法哲学へと踏み出していった。その基礎にあるのはカトリックの信仰であり、一九世紀末に再生したカトリック自然法である。

ここから田中は、自然法思想の系譜をたどる研究に着手する。「自然法の父」と呼ばれ、世界平和を探究し、自然法的国際法論を唱えたグロティウス、国際私法学説を体系化したサヴィニー、田中の父が司法省法学校で教えを受けた日本民法典の起草者でもあるボアソナードについて論説を発表した（「グローチウス論」・「サヴィニーに於ける国際主義と自然法思想」『法律哲学論集一』、「ボアッソナードの法律哲学」『法律哲学論集三』）。

田中と年代も近く内務省勤務から法学部に戻った政治思想史学者の南原繁は、田中について「人も知るわが国における殆んど唯一のカトリック主義の法理学者」と評している（「カトリシズムとプロテスタンティズム」）。当時は田中のようなカトリックと自然法に基礎づけられた思考を取る法哲学者は稀有であり、「人も知る」というように、田中は激しい論戦を辞さない言論人であった。

自然法とは、古代ギリシアでアリストテレスが体系化した普遍的に正しいものとして存在する法である。それは個々の具体的な法律上の規定を超えた普遍的に認められる規範である。

中世のトマス・アクイナスはキリスト教信仰の中にこれを位置づけ直したが、近代に入り、教会の束縛から離れた自由な個人を基礎にした哲学のもと、社会契約論からカントへと至る流れの中で次第に忘れられていった。また、個々の法規定に限定し解釈論を展開する実証法学が、一九世紀に隆盛を極めると、法規定の外にあるはずの自然法は排斥される。だが、一九世紀末から二〇世紀に入り、既存の法規定では対処できない新しい社会問題、とりわけ困窮する階層が問題化すると、自然法は再びカトリックの信者の多いヨーロッパ諸国で復活し始めた。

田中は『法律学概論』の中で、自然法が実定法の中に反映される関係に特に着目する。一方で個々の法の規定のない分野や国家間の関係などにおいて、自然法は実定法を補完するが、他方で実定法の中にも表れる。ここで田中が再三強調するのは、「自然法は実定法中に限なく浸《しん》潤《じゅん》している」という規範のあり方である。

実定法の細目は、時代や地域に応じて多様に変化するが、それらは自然法と切り離されているのではなく、自然法の弾力性の表れである。自然法は自明であり、かつ弾力的であるという田中の自然法論は、のちに述べる世界法の成立を支えるものとなる。

一九三〇年代、思想的アナーキーの中で

こうして田中は自然法を基礎として、論壇での問題提起を繰り広げる。特に注目を集めたのが、『改造』に発表した「現代の思想的アナーキーと其の原因の検討」(一九三二年七月号)であった。

日本では、カトリックよりプロテスタンティズムが優勢だが、その個人主義や主観主義ではマルクス主義に対抗できない。世界恐慌後の経済危機の中で、議会制民主主義が機能不全に陥り、既成政党への不信感が増すにつれて、右翼ナショナリズムも台頭しているが、こうした状況は「思想的アナーキー」に他ならない。ここで必要なのは、自然法思想に基礎づけられたカトリック信仰であり、それによって思想的アナーキーを克服しうるというのである。

> カトリック主義は一階級、一職業、一主義、一国家のみの立場を擁護するものではない。其れは総《すべ》ての階級、総ての職業、総ての主義、総ての国家に対して公平に然《ヤー》り又は否《ナイン》を云う。……(中略)……カトリックの立場は、無政府主義に対して国家を守り、個人主義的なる自由主義や社会民主主義に対して国家の倫理的意義を強調し、ファッシズムに対して国家の絶対化を戒《いまし》むる。
>
> (「現代の思想的アナーキーと其の原因の検討」)

カトリック信仰によるマルクス主義への対抗という田中自身の信念は、ヨーロッパに見られ

る現象であり、日本にはその萌芽すらまだなかった。

田中はこの論説で、「世界観」そのものの不在と対立を論じ始める。まず日本でのプロテスタンティズムは、カトリックに対抗することなく移入されたものに過ぎず、次いで哲学分野で流行した新カント派の相対主義は、学術的な範囲での受容にとどまる。いずれも世界観に立脚した思想に至っていない。「世界観的白紙状態」が日本の思想界の特徴であり、この「思想的アナーキー」のもとでは、「世界観的訓練が徹底している」マルクス主義の流行は必然となる。その上で、日本で状況打開に必要なのは、マルクス主義に対抗できる世界観を確固として持つカトリック信仰と自然法思想であるとする。こうした議論は、この時代の日本できわめてユニークだった。

「現代の思想的アナーキーと其の原因の検討」は、『法と宗教と社会生活』に続く田中の一般読者向けの著書『教養と文化の基礎』冒頭に収められている。それは、この論説の反響がきわめて大きかったことの反映である。

向坂逸郎、大森義太郎といったマルクス主義の論客が田中の議論を批判し、プロテスタントの論者たちからも異論が示された。田中はこれらに逐一反駁する「思想的アナーキーと思想的独裁」を『東京朝日新聞』（一九三二年八月一三～一六日）に寄稿するが、それは批評家の正宗白鳥の目に止まった。

正宗は、「うまく筆を廻してアッと云わせようというような意識は絶無であった」と田中の文体が論壇知識人がひけらかす「才筆」がないと言いつつも、「深い真実がそこに潜んでいた」と感じ、珍しく記事を紙面から切り取って保存したと述べている（「文芸時評」東朝32・10・2）。田中はのちの回想で、この一節が「私に大きな激励になった」と振り返る（『私の履歴書』）。

婚姻論——「結婚解消」の是非をめぐって

思想状況に世界観の不在を見出し厳しく批判した田中は、規範としての自然法のありかを探っていく。具体的な事件との関係で田中の自然法論が注目を集めたのは、その婚姻論である。当時のセンセーショナルな話題に田中が応じたからである。

一九三二年一一月、京都帝大医学部教授鳥潟隆三の娘静子と教授の愛弟子長岡浩の間で起きた「結婚解消」は一大騒動となった。結婚初夜に長岡から性病に罹っていることを告げられた静子はそのまま実家に戻り、後日、鳥潟家は二人の結婚解消の報告を結婚会場で行った。その後、両家は内情をそれぞれメディアに暴露し、「結婚解消」の是非をめぐって一大論争が起きた。

たとえば、『婦人公論』（一九三三年一月号）は、「結婚解消問題是非」と銘打って、両家の声明の紹介に始まり識者の批評を掲載するなど一大特集を組んだ。論議は、一方では、女性の地位向上問題が提起され、他方では教授の弟子への威圧、性病が離婚理由になるかといった意見が出されていた。事件の反響は大きく、一九三三年から三四年にかけては、「結婚解消」をめぐる数々の事件が新聞記事で取り上げられた。

田中は座談会で、「最近政府は共産主義方面に対する思想の善導には大いに努めているが貞操問題に対してはまったく無関心だ。……（中略）……左右両翼方面の取締以上に肝要なものはこの問題でしょう」と述べている（読売33・3・29）。

さらに、田中は同年の『改造』五月号に「現代婚姻思潮に於ける個人主義と団体主義」を寄稿し、婚姻は、政治・経済と並ぶ「思想問題」である点で十分に注意すべきだと主張した。

ここで田中は、アメリカにおける産児制限、婚姻外の性的関係の許容といった新しい性秩序と、ロシア革命後に現れた結婚・離婚に法的要件を課さない脱宗教的・脱国家統制的な制度とを批判した。婚姻を国力発展の手段として男性からの離婚手続を容易にしたり、優生思想から婚姻を制限したり、男性優越のもと一夫多妻を認めるなど、ナチス・ドイツに見られる団体主義的結婚観も否定する。

婚姻は国家による法秩序と教会を通じた神の賜《たまもの》との二面があり、「自然法に発する自己の良心と民衆の素朴なる常識」に従い、二人の結合が永久に変わらないことを神に誓い、幸福な一夫一妻の結合を神の賜として感謝することが望ましいというのである。

四年後に田中は、カトリック思想史の中で、特に婚姻不解消論に焦点を合わせて「自然法的婚姻及び離婚論」を発表するが、そこでは子の存在、婚姻による両当事者間の絶対的合一性、秘蹟《ひせき》という神からの賜のゆえに、婚姻は厳格に解消不能だと結論づけている（『家族制度全集史論篇第一巻』）。ここで田中は、子の存在を組み入れることで、家族のあり方にも触れている。ちょうど一九三四年七月に長男の耕三が誕生した時期でもあったからだろう。一九三三年の紙上座談会でも田中は、「家族制度を中心にして婚姻の位置は社会中で何ういうオーソリチーを持っているかと云うことをハッキリさせて行かなければならぬ」と述べていた（読売33・4・1）。

田中には、世情の話題に大きな関心を持つ一面があり、人々の好奇心をかき立てるテーマをわがこととして引き受けて論じたのである。

3　世界法の探究

技術と自然法から世界法へ――『世界法の理論』の構成

第一次世界大戦後、ヨーロッパの復興が進み、アメリカが牽引する経済成長のもとで、商法・国際私法の分野で各国共通の法制定の運動が実を結び始めた。田中は、技術と自然法の両面を、第一次世界大戦後の世界の広がりの中で具体的に構想した。条約を通じて世界全体で共通の法律を各国が受け入れつつある過程を観察した田中は、将来さらに世界法へと発展すべきだと論じていく。

その成果として、一九二九年に田中は論文『世界法の理論』により法学博士号を授与された。審査委員はフランス法の杉山直治郎、国際私法の山田三良であり、審査報告を教授会で読み上げる場面を、助教授だった矢部貞治は次のように記している。

「田中先生のものは極めて大部で杉山博士の報告は言辞を極めて之を激称し、世界的の論文とし、欧文に縮訳すべしとし、世界の学部茲《ここ》に教育の泉を汲むべしとされる。山田博士の如きも何らかの方法で称賛の途を講じたいと云っておられた」（「矢部貞治日記」29・2・14）。これらの言葉は矢部日記の中でも異例なほどの賛辞であり、法学部内での高い評価がうかがえる。

これを田中はさらに磨き上げ、一九三二年から三四年にかけて『世界法の理論』全三巻を公刊した。世界法とは「複数の国の国内法の内容が同一なることを意味する」と、田中はここで定義する。

世界法は、狭義では統一法であり、一九世紀後半の手形法の統一運動が出発点となる。以後鉄道運送法、海商法といった法領域の統一運動がこれに続いた。田中は、それらが様々な国際会議でどのような草案として提出されたかを検討し、さらに商法典の統一運動、私法全体の統一運動という動きにまで広がりを見せていたことを指摘している。

田中は、その自然法論を基礎に、普遍的な規範が現実に存在することは疑いないとする。その上で、具体的な法律については世界法となるものと、各国ごと、民族ごとの特殊性によって世界法へと至らないものがあることを認識すべきだと論じる。つまり、世界法の可能性と限界とを画定すべきだというのである。目的に適《かな》って存在する技術的な規範は、国境を越えて統一法へと向かう。他方で、倫理的な規範や宗教的な規範は統一が難しいというのである。

この二分法は、規範の成り立つ社会のあり方からも区別できる。ドイツの社会学者フェルディナンド・テンニースの『ゲマインシャフトとゲゼルシャフト』に従えば、商取引を規制する取引法は、ゲゼルシャフトすなわち利益社会に関わる法であり、統一法となる典型である。他方で親族法は、ゲマインシャフトすなわち協同体に関わり、個人の体質・気質、人格はもちろんのこと気候、風土、風俗、習慣、道徳などの社会的条件のもとに置かれ、統一法にはなじみにくい。いずれにせよ、統一の傾向が現在の国家の限界を超えて全世界に拡大していくのは必然だという。

では、どのように法の統一を進めるべきなのだろうか。そこで田中が論じたのは、具体的な統一への手法である「世界法政策」であった。

統一は手形法など個別法から徐々に海商法など他の領域に拡大すべきであり、地理的にもいきなり全世界ではなく、条約を締結して同一の法規範の適用を認める国々から出発し、徐々に条約締結国が増えることで統一法の適用国を広げることが望ましい。また統一を確保するには、郵便・鉄道輸送のような行政的要素を持つ法分野では、国際機関の事務局が重要な役割を果たす。

他方、私法の領域では、各国の国内裁判所が判例を互いに調査し、共通にしていくことが必要で、さらには国際常設民事裁判所の設立に向けて、国際的な裁判所のあり方が探究されなければならないという。

こうして田中は、各国間の国際法の基礎に自然法があり、各国の国内法には統一法の形成とともに自然法が浸潤していく。自然法ひいては世界法は、国際法・国内法双方に及んでいくと展望した。

国際文化運動の批判

このように世界法を描く中で、田中は満州事変後に特に顕著となった「民族主義的傾向」に警鐘を鳴らす。「文化協定と文化工作」と題した論説を田中はこう説きおこす。

文化の問題は約二十年前に於ては特にリッケルトの自然科学と文化科学の新分類として我が学究の注目を惹いた。其れは書斎人のみしか興味を感じない所の純方法論的主題であった。マルクス主義的風潮の衰頽《すいたい》及び其れに引続いて、満洲事変を契機に澎湃《ほうはい》として起った所の民族主義的傾向は、東洋文化並びに日本文化の自覚及び再認識に一般人の関心を促すようになった。

（『改造』一九三九年六月号）

こうした東洋文化・日本文化を再認識する動きを、田中は警戒していた。

そもそも田中は『世界法の理論』で、法は民族意識の醸成に貢献せず、これとは別次元の概念だと強調していた。

言語、芸術が民族独自の固有性を持ち、その自意識を強めるのに対し、法は民衆から見れば難解であり、抽象的で個人の具体的要求と直接関係せず、実生活と隔絶している。専門家から見れば、法は民族の特色となるわけではなく、自然法としての普遍性を備えている。民族の特性がその国の法典編纂に反映されたとしても、固有であるはずの法典は、のちに法典を編纂しようとする他の民族から見て模範となりうる。したがって、法典という形の法律の体系は、民族固有の法律を超えて、民族間の共通性を浮かび上がらせるというのである。

一九三五年、田中は、『世界法の理論』により、朝日新聞社から朝日賞を授与された。このことで、表題の「世界法」とあいまって、右翼からの攻撃を招いた。『世界法の理論』の公刊を機に、天皇機関説問題で美濃部攻撃を続けていた蓑田胸喜は、田中への攻撃を展開し、のちに『法哲学と世界観』を刊行する。外務省の斡旋で田中が交換教授としてイタリアへ渡航するのも妨害にあった。出発の際には私服刑事による護衛の提案が警察からあったほどだった。

田中のイタリア渡航が「日本文化を冒瀆《ぼうとく》するような講演」の連続だったとの不当な攻撃が及ぶ中で、田中は国際文化運動を論駁する論説を次々と発表した。日本精神と日本文化高揚論が狭量であることを批判し、それを海外に認知させようとする国際文化運動を批判したのである。

田中は、自国とその民族の文化の価値を認めるとすれば、その地理的限界も認めざるを得ず、世界全人類の文化の一部を分担する姿勢をとらなければならなくなると説く。国際文化運動は、そうした分担と分業の理念を認めたときに初めて意味を持ち、自国文化の一方的な「押し売り」のような「帝国主義的」な宣伝はとるところではないと強調した（「文化問題の世界観的基礎」『教養と文化の基礎』）。

さらに、田中の批判は、西洋への理解が浅薄なまま、西洋と東洋を対置し、東洋文化の精神性を強調する点に向けられた。文化は民族性と強固に結びついているとしても、普遍性を獲得する局面でこそ本来の意義がある。それは、一つには固有の文化の間の交換であり、異文化からの相互の学習と受容である。もう一つは、文化間の協力であり、自然科学・科学技術では比較的容易にこの協力が進むが、人文科学の分野でも今後可能になるだろうと展望する。

「後世の笑いを買いますよ」

こうした視点をとる田中は、狭量な日本文化論に対し決然とした行動も辞さなかった。

一九三九年、司法省に司法研究所が設置され、様々な法律を「国民感情に沿」うよう改良するために、「日本固有法」を調査する委員会の設置が図られた。委員に就任するよう求められた田中は、「日本には固有法はない」「左様《さよう》な調査は必要ない」と言い放った（『鹽野季彦回顧録』）。当時司法研究所に入所した新任裁判官で、のちに名古屋高等裁判所長官となる内藤頼博は、委員就任を求めた検事出身の教官と田中のやりとりを次のように描いている。

田中先生は微笑を浮べておだやかにいわれた。〝そんなものに学者が入ったら、後世の笑いを買いますよ。〟二人の教官は唖然《あぜん》とした。全く二の句がつげない。痛快だった。そして感激した。本当の学者の土性骨《どしょうぼね》というものを、そこにみた。

（「田中先生の思い出」『人と業績』）

固有法という民族の個別性へのこだわりは、田中の希求する自然法の普遍性とは対極にある。思想統制で権力を発揮していた司法省を相手に、田中は強い信念とともに、言下にその構想を否定した。しかもそれにとどまらず、田中は岳父《がくふ》の松本烝治を説得し、こうした動きを封じようとした。

殊《こと》に誤解があったと見え司法部がファッショ的になり右翼の手先となった如く考え、岳父松本烝治に話したと見え松本氏も司法部だけは左様なことはないと思っていたが、左様な事となるなら貴族院では司法部の委員会に委員を出さぬと威嚇《いかく》したので、調査課長初め民事局長など狼狽《ろうばい》して之を法相に訴えた。

（『鹽野季彦回顧録』）

結局有力な法律学者はこの委員会の委員に就任せず、当初の一大構想は挫折したのである。

松本烝治の長男で田中の義弟正夫は、田中と松本がこの時期大学問題への対処をめぐって「心からの同感と同志的な信頼関係に結ばれて」いたと見ていた（「義兄、田中耕太郎の憶い出」『人と業績』）。その一例がこの固有法研究会をめぐる司法省への二人の対応であった。

4　戦下の商法学者の横顔――法改正と制度設計への参画

商法典の改正

以上のような法哲学と宗教を核とする時代批評の執筆のかたわら、田中は東京帝大で商法を講じ、さらに商法と関係法の改正作業に参画した。

東京帝大の商法講座は、農商務省勅任参事官として、所管領域の基本法である耕地整理法・漁業法などの起草に政府内部で尽力し、法制局長官・司法大臣などを務めた岡野敬次郎以来、政府部内に深く入りこんで立法作業に協力する伝統があった。

田中の岳父松本烝治も東大を辞して南満州鉄道の理事に就いたのち、貴族院議員として商法改正作業では前面に立った。松本のもとで田中は、一九二八年に東京商工会議所の商事法規関係改正準備委員会の主査として改正案の作成作業に参画した。

一九二九年には、田中は法制審議会の委員に松本とともに任命され、会社法改正作業、さらには手形法・小切手法の立法作業に従事する。まず、一九三〇年のジュネーヴ手形法統一条約、三一年のジュネーヴ小切手法統一条約の成立を見て、これに合わせた国内法の整備のため、手形法・小切手法を成立させた。

　残る総則・会社法については、一九三二年には改正案がまとまり、司法省に商法改正委員会が設置されると、松本は委員に就任し、田中は調査委員となって審議を進めた。改正会社法案は、最終的には一九三八年に成立する。

メートル法批判への反批判

　一九三五年、度量衡《どりょうこう》制度調査会にメートル法導入の可否が諮問された。田中は委員として、世界法を体現するメートル法の導入を積極的に主張していた。委員の中では、尺貫法存続連盟理事長の岡部長景がメートル法専用に反対し、その実施は「非常識的、非社会的、非家庭的、非国際的、非道義的、非人道的乃至《ないし》非国家的」と論説の中で主張し、世論の喚起にも努めていた。

　対する田中は、度量衡が文化の所産であることは認めながら、「一民族の誇りの対象たるべく余りに価値が少なきもの」と主張し、これに固執する岡部らを「盲目的民族主義」と呼んで、そのメートル法批判を強く論駁《ろんばく》した（「度量衡、民族精神及び国際文化」東朝35・6・15〜17）。

　一九三八年一月一七日、度量衡制度調査会は、尺貫法とメートル法を併用し、神社仏閣などの伝統建築には尺貫法を用いるという答申を発して閉幕した。

その際に田中は発言を求めて答申を強く批判する。田中は、答申が尺貫法とメートル法の併用という結論だったとしても、メートル法と尺貫法とのどちらを主たるものとするかを明示すべきなのに曖昧なままであると批判した。続いて、一九一九年に度量衡及工業品規格統一調査会が答申を発した頃と比べて、メートル法が大いに普及していることを指摘し、当時猶予していたメートル法の専用をさらに猶予することはあり得るとしても、新たに併用制を採るべきではないと主張した（『第五回総会議事要録』）。

田中にとり、法律には個人の自由を認めるものと、認めるべきではないものとがあり、度量衡は貨幣制度と同様に、画一にすべき技術であった。教育現場ではすでにメートル法が用いられ、併用制は取引の混乱、法律への信頼の失墜を招くというのである。

こうして田中は、一般読者向けの論壇では、問題を文化帝国主義批判という枠で論じ、専門家が出席する調査会の場では、取引の実際やこれまでの調査会での検討の経緯、教育現場での状況を多角的に取り上げて併用制を批判した。

取引所法・貸借対照表の理論

さらに戦時色が濃くなる時期に、田中は商法に関連するより技術的な法分野で理論化を図っていく。一九三七年の『取引所法』と、四二年に『法学協会雑誌』に寄稿し、改編を経て四四年に刊行した『貸借対照表法の理論』とである。これらは田中にとって実質的な意味での商法研究の最後の大作である。

一九三四年、田中は法学部で取引所法についての特別講義を開き、並行して商工相を会長とする取引所制度調査委員会委員に就任し、三六年にはその小委員会が改革案を提出する。改革は、太平洋戦争中の経済政策の再編により頓挫するが、この過程を経て田中は取引所の法的位置について、先駆的な体系書を書き上げた。

また、企業に貸借対照表を作成させるための準備作業については、一九三〇年の商工省臨時産業合理局の設置後、ここに有識者会議として財務管理委員会が設けられたことから始まる。企業財務の合理化手段について審議される中では、主たる検討対象が貸借対照表の標準化であった。

一九三二年に財務管理委員会は、財務諸表準則として貸借対照表や損益計算書といった企業会計の基本的な制度についてのルールを定めた。田中はその一規則としての財産評価準則を最終的に確定する段階で財務管理委員会の臨時委員となり、商法上の規定との整合性の観点から、積極的に論戦に加わっていく。特に債務の評価については、これを重視する会計学の原則と異なり、商法学上は単に帳簿上の数字を合わせる作業に過ぎないため、あらためての評価は不要という立場をとり、厳しく論争したという（太田哲三『会計学の四十年』）。

この財務諸表準則の成立によって、企業会計の透明性が進み、経理上の不備や不公正などの内部要因を明らかにする企業会計の原則が確立していく。世界恐慌の中で、アメリカをはじめ各国で企業会計の透明化によって経済的混乱からの脱却が図られるが、日本も同じ趨勢の下にあったのである。

のちに田中は次のように語っている。

> 貸借対照表法のような無味乾燥とおもえる制度のなかにも、非常に合理的な精神が漲《みなぎ》っていて、そこにフィロソフィーが見出されると思い、興味を惹いたんです。
>
> （『生きて来た道』）

大学への軍と右翼の介入が厳しくなり、元来田中が嫌っていた戦争に向かう政治状況の中で、田中はこと商法学については、その技術と合理性の有り様を徹底して探ることによって研究を深めた。カトリック自然法論と世界法論を通じて形而上学の深みと世界大の視野の広がりを得た田中は、戦時体制と統制経済へと向かう時代のもとで、先端的な法技術面での課題と向き合い現実への感度も備えていく。商法学者・法哲学者・世界法の熟練した唱道者となったのである。

第4章　嵐の中の東京帝大——一九三〇年代～敗戦

気さくな一面、峻厳な人物評価

田中は研究者であると同時に、一九四六年五月に文相に就くまで、東京帝国大学法学部の助教授・教授として、同僚とともに学部、大学全体の運営に関わった。教授会の構成員となり、学部の運営事項についての決定権を持っていた。また学部の代表として、大学全体の意思決定機関である評議会の委員に就き、さらには学部長として他の学部長とともに総長を中心に大学全体の方向性を決定づけた。

大学の自治の基盤は、研究者コミュニティとしての学部の自治である。そのためには教授会の構成員である教授・助教授は、強い連帯感で結ばれることが望ましい。分野を超えた知的交流のみならず、会食やスポーツ、ゲームなどにともに興じることで、互いをよく知り、信頼を深めることが学部の自治を守る心の砦《とりで》となる。

一九三〇年代の田中は、法学部の中でとりわけ若い助教授たちと、囲碁、ビリヤード、テニスに興じることを好んだ。また、食堂や自宅でともに食事をとりながら、会話を楽しむこともしばしばだった。周囲は、田中の世代の法学部教授の中で、若い教授・助教授と心おきなくつきあったのは田中だけだったと見ていた。

だが、こうした気さくな一面とは別に、田中は自らの学問に厳しく、かつ同僚の教授・助教授に峻厳《しゅんげん》な評価を下す一面も併せ持った。

田中と同年配の教授として、戦中・戦後の大学運営と教育改革を、田中とは異なる形で担った南原繁は次のように観察している。「田中君にはいつも一つの見方があるんですね。いい悪いは別として、それはつまり人物ということを強調する。……（中略）……人柄が気に入らないというんだな」（『聞き書　南原繁回顧録』）。

田中のもとで商法を研究した鈴木竹雄は、田中について、「確固たる信念をもっておられたので、安易な妥協や心にもない巧言《こうげん》を排斥した。したがってまた、不正や偽《にせ》ものを極度にきらい、これに対しては、容赦するところなく痛烈に批判された」と語る（『幾山河』）。田中は、こうした人物評価をことあるごとに信頼する周囲にもらしていた。それについては、田中と親しくした政治学者の矢部貞治や丸山真男らも印象深く述懐している。

では、どのような物言いだったのか。一九二八年一〇月、助教授任官後の矢部に田中は、経済学部教授の河合栄治郎、法学部助手の奥平武彦について次のように語っている。

その根本性質としては心に信実なく、魂より出ずる真理への欣求《ごんぐ》なくして而《しか》も口に理想を云い、単なるセンチメンタリズムより出ずる信仰を口にするの類《たぐ》いであり、時を代えれば表面理想主義をも装うべく又逆に直ちに物質主義にも転じ得べしとされる。そしてかゝる打算的不純的の言動をば口に堂々らしき論理を弄《もてあそ》んで、さも必然性を装うところのソフィストの態度なりとされ、青年を惑わすことの大なるものなることを痛撃された。

（「矢部貞治日記」28・10・7）

「表面」「打算」「論理を弄ぶ」とは、古代ギリシアに登場した詭弁家《きべん》「ソフィスト」の特質だが、如才がないとも言えるだろう。人にそのような性質を嗅《か》ぎつけたときに、田中は厳しい判断を下す。こうした同僚を峻別《しゅんべつ》する人物評価から、ごく稀にだが、田中は助教授・教授の人事に深く介入した。それも原案に反対するよう、他の教授会メンバーに説得して回る徹底した態度だった。むろん、それは学部内の人間関係に様々な余波を残した。

法学部内のグループ

田中が人事案件で起こした最初の反対運動は、一九二二年の帰国後ほどなく教授会で提案された吉野作造の退任に伴う講座の後任人事である。政治学講座の先輩格だった小野塚喜平次は、吉野の推薦をそのまま教授会に提案し、助手の奥平武彦を後任に推薦した。奥平は学生時代に『帝国大学新聞』を立ち上げるなど、ジャーナリスティックな感性を持っていたが、先述の人物評のように、田中にはその姿勢が「キザ」で、学問に「専心精進するという熱意が足りない」と映った（『生きて来た道』・『聞き書　南原繁回顧録』）。田中は不適格であるから反対するよう周囲を説き、その結果、奥平の採用案は否決された。もっとも、奥平は京城帝国大学法文学部に採用され、朝鮮文化に造詣の深い研究者となる。

当時の法学部教授会の構成員数は三〇数名ほどで、その大部分は法律学系であり、ごく少数の政治学系の教授・助教授がいた。法律学系の商法講座を担当する田中が政治学という異分野の人事に正面から反対を広言するのは一見異例だが、田中はそれだけの影響力を持っていた。

一つには、田中が法律学分野で影響力を持つ中田薫の直系に属していたからである。丸山真男は、当時の法学部教授陣について、「法学部のマジョリティは、はっきり言えば田中派なんです。政治学関係はちょっと孤立している、少数派なんです。田中派を遡ると中田薫先生になる。中田薫から田中耕太郎というのが法学部正統派です」と指摘する（松沢弘陽・植手通有編『丸山眞男回顧談　上』）。田中は日本法制史の大家中田から後継と目され法学部の中心的な教授となっていく。

二つには、「田中派」に、同年配で特に親しい国際法講座の横田喜三郎がいた。丸山真男は、「田中閥のほうはマジョリティの反ファッショだった」というが（『丸山眞男回顧談　上』）、満州事変を国際法上違法だと正面から論じた横田は、田中同様に自由主義者として軍部とファシズムに正面から反対し、法学部の運営上の重要問題で田中に同調し行動することが多かった。

三つには、田中は多くの若手助教授から支持を得ていた（宮沢俊義「深い学識と強い信念」『人と業績』）。矢部は日記で「テニスブロック」と、憲法学の宮沢俊義や国際私法の江川英文ら一群の若手助教授たちを呼んでいる。田中とともにテニスをし、食事を楽しむこのグループは、後述するが田中の法学部長時代に起こった経済学部の河合栄治郎の処分問題で、最後まで田中を支持する中核だった。

もちろん、田中とは距離のある教授たちもいた。法律学では、刑法の小野清一郎、労働法の末弘厳太郎らは、戦争に突き進む政府に協力していく。

以上は法律学分野の教授・助教授の色分けであるが、政治学分野はどうだったか。先述した政治思想史の南原繁や、アメリカ政治史の高木八尺らは是々非々の姿勢で議論に臨み、外交史の神川彦松は軍部と近づいて時代の潮流に乗り、田中とは対照的であった。

そうした東大法学部にも、外からの風が強く吹きこみ、それぞれが態度決定を迫られるようになる。マルクス主義を信奉する学生の政治運動、学外の右翼勢力と結んだ右翼学生からの攻撃、思想問題で逮捕や著書の発禁処分にあった教授への支援の可否、そして文部省による大学への統制強化などである。

この軍部と右翼団体が台頭した一九三〇年代から太平洋戦争にかけて、大学の自治の有り様に深く関わった田中はどのように理論を展開し行動したのかを、本章では見ていきたい。

1　大学の自治への攻撃——滝川事件・天皇機関説事件

東大総長と評議会・学部長会議

大学の自治を支える大学の意思決定は、総長が基本的方針を評議会に付議した上で決定する。評議会は、総長・学部長と各学部から選任された二名の評議員からなる。ただし、東大では慣行上、人事案件は学部教授会限りとし、ここには付議しないこととなっていた。

これに加えて、大正期から法律や規則ではなく慣行によって運用され始めたのが、学部長会議である。総長と学部長という少人数で機動的に開催し、深く掘り下げて議論する。記録上は関東大震災後の一九二三年九月一八日に開催されているのが初期の例である。また、案件によっては関係学部長数名による会議も開かれた。

総長は、このように多様な会議を経て、全学の方向性をゆるやかに固めた上で、文相・文部次官など政府関係者と直接意見を交換し、高度な政治案件によっては、首相と会見することもあった。また総長は、教授・助教授、大学書記官の進退については文相に具状する権限を持っていた。原則として、総長からの申し出があって、文相はその人事を決定した。

だが、大学の自治が動揺した一九三〇年代、問題視された教授について総長の申し出のないまま文部省が進退を決定しようとし、大学との間で激しい緊張が走る。この時期、人事問題が浮上すると、文相・文部省と大学とりわけ総長との間で厳しい交渉が行われた。

首都に位置している東大の総長は、卒業生が政界・官界に多いこともあり、他の帝国大学の利益を代表し文部省と交渉する役割が期待される。

田中が大学の自治の問題と関わり始める時期の東大総長は、法学部出身の小野塚喜平次（任期一九二八〜三四年）である。政治学者である小野塚は、指導的政治家と交友関係を持ち、予算の折衝についても自らは大臣以外と交渉せず、浜口雄幸首相、井上準之助蔵相とも交流を続けていた。

続く医学部出身の長与又郎（任期一九三四〜三八年）は、木戸幸一文相を特に信頼し学内の問題処理を図ったが、後任の陸軍幹部で皇道派として知られた荒木貞夫文相とは、就任時から疎遠であった。病身でもあり、政治からの介入に対処しきれなかった。

その後に工学部長から就任した平賀譲（任期一九三八〜四三年）は、工学部の兼任教授であり、本務は海軍軍人として戦艦大和など代表的な戦艦の主たる設計者であった。退役前は最高位の造船中将であり、軍人同士の間柄で荒木文相とは密接に意見交換を続けた。

田中は一九三〇年一〇月から三三年一〇月まで評議員を務め、三七年四月から三九年二月まで法学部長の任にあった。田中は大学の自治にとって、深刻な危機となる事件の中心に立つことになる。

滝川事件の余波

一九三一年の満州事変後、全国の大学を激しく動揺させたのが、三三年に起きた滝川事件であった。一九三二年一〇月、京大法学部で刑法講座を担当する滝川幸辰が、中央大学でトルストイの刑罰論について講演を行った。この講演内容を民間右翼の蓑田胸喜らが無政府主義の鼓吹と捉え、それを受けて帝国議会の衆議院・貴族院双方が問題として取り上げ、批判した。文部省は、こうした民間右翼と議会双方の滝川攻撃をもとにして滝川の処分を京大に求めた。

京大はこれを拒否したが、今度は内務省が滝川の著書『刑法読本』『刑法講義』を発禁処分とし、これを背景に文部省はさらなる滝川の処分を求めていく。小西重直京大総長、宮本英雄法学部長は頑なにこれを拒んだ。文部省は、帝大教授が官吏の身分であることを利用し、総長からの滝川についての具状がないまま文官高等分限委員会を開催し、滝川の休職処分について諮問した。その了解を得て一九三三年五月二六日に休職処分を発令する。

京大は全学をあげて滝川処分を批判し、法学部も宮本法学部長が窓口となって文部省との交渉に努めた。京大法学部学生が激しく反発しストライキを行い、憲法学の佐々木惣一を中心に主要な教授が助教授・助手とともに抗議の辞任を表明し、京大法学部は大混乱に陥った。

小西総長は、鳩山一郎文相との間で「解決案」での合意に達したが、その内容は、文部省が法学部の研究の自由を尊重はするものの、滝川事件については触れないものだった。これに法学部側は強く抗議し総長は辞任する。だが、もはやこの段階では、法学部以外の学部はこの解決案に同意しており、法学部の孤立と事態収拾不能の総長という構図が浮き彫りになった。

東大にも危機が迫りつつあった。京大をどう支援するかが問われる一方、自らに向かいかねない攻撃からどう防御するかが課題であった。東大法学部では、横田喜三郎、宮沢俊義、南原繁、蠟山政道らが、教授会として京大を支援すべきとの立場から意見の集約を主張した。結局、穂積重遠法学部長の判断で非公式の教授懇談会を開き、横田らがその場で強く支援するよう主張したが、美濃部達吉、中田薫、牧野英一ら長老教授の反対で自重することとなったのである。

当時評議員だった田中は、「京大のほかの学部〔法学部以外の学部〕の人たちのような気持ち」であり、横田らのように「無条件に賛成する気持ちになれなかった」とのちに述懐し、「あとで徹底し得ない自分自身に対して気持が悪かった」と語っている（『大学の自治』）。ここで徹底すれば、学部はどこかで分裂しかねない。田中は、苦渋の判断を重ねる京大法学部への同情はあるものの、踏み切れなかった。

小野塚東大総長は、鳩山文相に意見を直接具申し、斎藤実首相にもその秘書官を通じて京大法学部の閉鎖といった措置は採るべきではないと具申した。問題が東大へ波及しないよう、文相と首相に意見を出しての牽制だった。「東大を守るに精一杯であった」というのが、実情であった（南原繁・蠟山政道・矢部貞治『小野塚喜平次』）。

東大なかんずく法学部の選択は、できるかぎり受動的に対応することによって、内部分裂を防ぎ、他大学・他学部との連帯という能動的な姿勢を慎むことだった。

配属将校問題と文部省

この滝川事件のさなか、陸軍から突如配属将校を増員するとの通知が東大側に出され、東大・文部省・陸軍の間で激しい対立が起きていた。ことが法律問題だったため、法学部の役割も問われ、田中は評議員として小野塚総長を補佐した。

一九二五年の陸軍現役将校学校配属令によって、官立・市立の師範学校などに配属将校を義務づけ、大学には「学部の申出」によって配属できるものとされた。ただし、その配属は陸軍省と文部省とが「協議」するとも規定され、陸軍が一方的に決定はできないとされていた。

一九三三年六月、東大の配属将校沼田徳重大佐は、八月一日付で配属将校を一名増員することを東大側に通告した。東大では評議会での非公式の審議で、この発言への「賛成者一人も無く否決」となり（『東京大学百年史　通史二』）、勅令に「協議」とあることから協議のない一方的な通告は勅令違反だとして、小野塚総長から沼田大佐にその旨を伝えた。しかし、七月には陸軍省から文部省に対して、軍の異動計画として天皇からすでに裁可を得ていることから、予定通り発令する旨が伝達された。ほぼ同時に元の東大配属将校光永修一郎中佐が東大を来訪し、勅裁を経た増員への異論こそ勅令違反だという姿勢で原案を認めるよう高圧的に迫った。

文部省は繰り返し陸軍省に協議を求めたが、一度配属した学校への増員は協議不要であるのは、「軍の統帥権」に基づくとして拒否された。ここへきて文部省は、半ば受け入れる姿勢となった。

東大では配属将校の増員に関連し、小野塚総長は一度辞意を表明した。だが、評議会では全学部が一致して総長を支えることとし、総長に辞意撤回を促し、文部省と再交渉する方針を固めた。田中は評議員として、穂積学部長らとともに小野塚を慰留するだけではなく、「たかが〔配属将校〕一人の問題だ」として陸軍の要求を受け入れようとする評議会の議論を反転させ、一致して文部省と交渉するよう導いた（『大学の自治』）。

七月二五日、鳩山文相は小野塚総長に会い、一致協力して解決に当たる決意を披瀝《ひれき》した。翌二六日には文部省から、配属将校増員について大学、文部省、陸軍省の「一致を必要とする原則確立」について、文相と陸相との間で合意を見て、覚書が交換されたとの報告が東大にもたらされた。だが、合わせて文部省は、東大に新しい配属将校の発令を「延期」することへの同意を求めた。つまり、協議の原則は両省間で合意したが、今回の増員について時期を遅らせた上で既定通りに行う陸軍側の方針を文部省は受け入れていたのである。

こうした文部省の妥協的姿勢に当初東大内では、あくまでも発令の取り消しを求める声が強かった。だが東大以外の大学は増員を認める方向で、東大には受け入れる道しかなかった。穂積法学部長は、評議員だった田中宛の葉書の中で、「陸軍大臣より延期再協議承諾の回答書」が来たことを伝え、「先《まず》は一段落」、「久し振にて朗かに」なったと感想をもらし、この段階で問題が解決に向かっている手応えを得ていた（穂積重遠、田中耕太郎宛書簡、一九三三年八月一

三日『田中耕太郎関係文書』第二部一（6））。

結局、九月二日に増員を発令することを東大は受け入れた。そして一連の経緯は一切公表されず、東大は陸軍に妥協しながらも筋を通した解決となった。

天皇機関説事件と長与又郎総長の対処

しかし、危機はさらに迫っていた。天皇機関説事件である。

一九三五年二月、かねてから右翼の攻撃にさらされていた美濃部達吉の天皇機関説が、貴族院で非難された。美濃部は、ロンドン海軍軍縮会議をめぐる統帥権干犯問題で軍部から不信感を持たれ、天皇機関説が憲法解釈の通説であったがために、蓑田胸喜ら在野右翼からの主たる攻撃の対象となっていた。貴族院議員だった美濃部は、貴族院で学術的に徹底した弁明の演説を行ったが、衆議院でも天皇機関説批判が提起され、貴族院は政教刷新に関する建議案を可決し、衆議院は国体明徴決議案を可決した。すでに事態は学術的な問題ではなく、政治的な問題になっていた。

内務省は、四月九日に美濃部の著書『逐条憲法精義』『憲法撮要』『日本憲法の基本主義』を発禁処分とし、他の著書二冊に改版を命じた。同日、文部省も「国体の本義に疑惑を生ぜしむるが如き言説は厳に戒め」る内容の国体明徴の訓令を閣議に報告し、翌日各学校に発した。

この訓令は政府として正面から天皇機関説を否定するものだった。広く通説とされていた美濃部の学説による憲法の講義はできなくなり、各大学で大きな衝撃が走った。そして六月、美濃部は司法省に出頭し、起訴相当となるかどうかにつき取り調べを受け、九月に貴族院議員を辞職することで起訴猶予となった。

東大は退官していた美濃部をどのように支援するかに腐心していた。美濃部の学説を継承した憲法学の宮沢俊義もまた帝国議会で糾弾されており、宮沢と法学部をどう守るかも問われていた。

総長の長与又郎は、問題を滝川事件のように大学対文部省ではなく、大学・内閣と帝国議会・世論との対抗関係だと見ていた。また法学部がまとまらない事態を見越し、「有力長老教授」と意見交換して問題を小範囲に抑え、法学部と総長とで責任を負う解決を目指した。人事については、「如何なる場合でも」「法学部の自発的申請」によるべきとし、文相からの辞職の嘆願があっても応じない態度を固めた。法学部については、前評議員の三潴信三、前学部長の中田薫と対処方針を確認し、末弘厳太郎学部長の責任のもとに行動し、大学全体では総長の責任のもとに行動することとした（「長與又郎日記」35・3・22、35・3・23）。

三月一一日、法学部の有志は美濃部を励ますために会を催した。「集まるもの大内兵衛、南原繁、田中耕太郎、我妻栄、蠟山政道、横田喜三郎、宮沢俊義、田中二郎、江川英文、末延三次。先生を激励且《かつ》対策につき協議」と矢部は記している（「矢部貞治日記」35・3・11）。

三月二九日、長与又郎総長は松田源治文相と会談した。すでに内相、法相とも意見交換をした松田は、第一に美濃部自身が議員辞職などの責任をとる姿勢を示す、第二に政府は天皇機関説のみを取り上げて可否を判断する、第三に大学に文相より国体観念の明徴に留意するよう通達することを告げた。ここで「学府の自治を侵害せざる方針」も併せて伝えられた。宮沢俊義など美濃部を継承した教授には特に措置はとられなかった。

その後、文部省は各帝大に国体明徴の訓令について意見を求めた。北大・京大・九大はこれを了承したと伝えられたが、東大では、法学部から激しい異論が噴出し、当初案の「国体の本義に副《そ》わざるが如き言説」を、「国体の本義に疑惑を生ぜしむるが如き」とするとして、文相に強力に要求を出した。

大学に訓令内容を照会するこの時期の文部省の妥協的な姿勢によって、東大の側は周到に準備した上で交渉に臨むことができた。特に国体明徴の訓令の修正点については、当初文相は「面白からず」と発言したものの、最終的には受け入れた。

この結果、法学部内の態勢の立て直しが図られた。総長のもとに来室した穂積前法学部長は長与に次のように述べている。

> 今後は学部長両評議員の外に、中田穂積の両前学部長三潴田中両前評議員の幹部元老連七人にて Brain trust を形成し、法学部内の重大案件はこの機関にて協議の上、総長と交渉、方針を決定することとなりしを告ぐ。
>
> （「長與又郎日記」35・4・12）

天皇機関説事件は社会的影響が大きかったため、内閣は、議会・世論に配慮し美濃部個人には厳しい措置をとったものの、東大に対してはその意向を汲み、「学府の自治」を尊重しつつ事態の沈静化を図ったのである。

ヨーロッパ再訪

一九三五年四月、国体明徴の訓令が出された後、矢部貞治はイギリスに向けて出発し、一二月には田中もイタリアに向けて妻峰子とともに交換教授として渡航する。前章でも述べたように、田中への右翼からの攻撃が強まり警察による身辺警護まで行われていたときである。田中は、一九三六年一〇月に帰国するまでの間、息苦しい日本から離れることができた。

田中は、峰子とともにアメリカ経由でヨーロッパ入りした。イタリアでは、ローマ大学などで世界法について講演を行い、文相も務めたジョヴァンニ・ジェンティーレ、著名な法哲学者ジョルジョ・デル・ヴェッキオをはじめとする法学者、歴史家ベネデット・クローチェらと交流した。総計九回の講演では、商法学の方法、世界法、法と技術、手形法・保険法などについて論じた。

その間、イタリア側の計らいでムッソリーニと会見している。一九二一年に田中がイタリアに滞在していたことを聞くと、ムッソリーニは誇らしげに「イタリアも変わっただろう」と田中に語った。田中は「変り方にも、いゝ面と悪い面とがある」と心中で思いつつ、相づちを打った（『生きて来た道』）。ファシズムに批判的な世界法の理論について講演を行っていた田中にとって、緊張感のある会見であった。

また、峰子の強い希望でもあった教皇ピウス11世への拝謁が実現した。教皇が通る廊下で待ち、教皇から祝福を得るものであり、部屋で謁見を受ける「私的謁見」とは異なる「特別謁見」だった。峰子は教皇と親しい神父から言付《ことづ》かった布教活動についての報告を伝えたという。廊下での拝謁で教皇に話しかけるのは異例だが、教皇は神父への「特別祝福を贈る」と話し、峰子の母松本千のためにも祈ると「一句一句心をこめて」語った。また田中にも日本の大学の様子を尋ねた（「天主の善き僕」）。

田中は、フランス、ベルギーの大学でも講演し、ドイツ、オーストリアを回り、特に敬意を払っていた法哲学者グスタフ・ラートブルフと会い、イギリス、フランスでは留学中の矢部貞治と再会するなど、現地に滞在する日本人研究者との交流を深めた。フランスでは、峰子を伴い、矢部とともにカトリックの哲学者ジャック・マリタンを訪問している。またザルツブルクで音楽祭を楽しみ、ベルリンでは、ヒトラー政権下のベルリン・オリンピックを観戦している。総じて、講演の他は、交流と観光を楽しんだといえるだろう。そして帰国時の船内で、「はじめに」で触れたベルリン・オリンピック選手団と同乗したのである。

2　平賀粛学――法学部長の決断と辞任

日中戦争勃発直後の矢内原事件

渡欧中、田中がローマ大学で「商法学の方法」と題する最初の講演に臨んだ日は、一九三六年二月二七日である。日本ではその前日に陸軍皇道派による二・二六事件が起きており、日本のことを気にかけながらの講演だった。講演終了後のパーティで、バルカン半島のある国の外交官夫人から、二・二六事件が話題となった際に「私たちの国では日常茶飯事だ」と言われたと田中は述懐する。

一九三六年一〇月に田中は帰国するが、そのときの日本は皇道派幹部を一掃した陸軍統制派による政治介入が強まっていた。田中は問題山積の中、帰国から半年後の一九三七年四月に法学部長に就任した。

この時点で東大は経済学部に爆弾を抱えていた。天皇機関説事件後、派閥対立を激化させていたからである。一九三五年から三七年にかけて経済学部では新人事がすべて否決され、教授・助教授への昇進が一切止まっていた。

当時、学部内は三派閥が激しく対立していた。大内兵衛を中心とするマルクス経済学のグループ、土方成美を中心とする統制経済論を唱えて陸軍と結んだグループ、河合栄治郎を中心とする自由主義のグループである。学部長は河合、土方、大内グループの舞出長五郎と一年任期で交代していた。三つのグループはそれぞれ教授の指導を受けた助教授、助手を抱え、彼らも他のグループの若手とは交流のない状況であった。

経済学部を特に混乱させていたのは、「革新派」と呼ばれた土方のグループである。土方は、陸軍との提携を強める一方で、河合攻撃を続けていた右翼学生組織の指導者でもあった。教授会や全学の会議の内情がしばしば新聞に報道されたのは、革新派のリークと疑われていた。

一九三七年七月、盧溝橋事件により日中戦争が勃発した。戦時色が強まるにつれて、学外からの教授たちへの攻撃は強まっていく。大内グループの矢内原忠雄が『中央公論』(一九三七年九月号)に寄稿した「国家の理想」が、日本の軍国主義批判だと学外から糾弾され、内務省が発売禁止処分にすると、土方学部長は矢内原の処分を自ら提案し教授会に諮った。

経済学部内では、それまで土方派と歩調を合わせていた河合派がこれに同調しない方針へと転換し、矢内原への処分は行われなかった。学外からの矢内原への攻撃が強まる中、長与又郎総長は矢内原に辞職を求め、矢内原はこれを受け入れ一二月に辞職する。これがいわゆる矢内原事件である。

教授グループ事件と経済学部の内紛

一九三八年二月一日には、大内グループの大内兵衛、有沢広巳、脇村義太郎が、法政大学の美濃部亮吉、東北大学の宇野弘蔵らとともに治安維持法違反で検挙され、一二月に大内らは起訴された。いわゆる教授グループ事件である。前年一二月に鈴木茂三郎、向坂逸郎、大森義太郎、山川均ら労農派の知識人・運動家が逮捕されており、彼らとの関係が疑われたのである。検挙された大内は当時学内で評議員を務めており、自ら評議員を辞職することを拒んだ。

大内が検挙された日、法学部長である田中は、評議員の高木八尺と高木の学習院時代の同窓で親しい友人でもあった木戸幸一文相に会い、大内への助力を求めた。だが木戸からは「大学側と右翼とパイプが続いているから何とも仕方がない」と聞かされた（『私の履歴書』）。

教授グループ事件は経済学部の内紛を激化させる。大内グループが実質的に解体したからである。大内の逮捕後、土方学部長は、矢内原への処分を求めたときと同じように、検挙を理由に大内の休職を教授会の議題とした。だが、矢内原のときと同様、承認を得られなかった。土方はあきらめずに、大内休職を長与総長に執拗《しつよう》に要求し、総長は評議会を開催した。評議会は人事を扱わないことが本来慣例だったが、総長は意を決してこれを議題としたのである。

居並ぶ学部長・評議員たちは、口々に「大学の自治」を唱えて大内処分に反対した。法学部長として田中は次のように述べた。「相対する学説を有する学者が相競《あいきそ》って学問に貢献してこそ大学の真価は発揮せらるべし」。大内が学部にとどまり、土方らと学説上見解を異にしつつも、同じ学部に属することがあるべき姿だとした。大学の自治を守って行動すべきことは、丹羽重光工学部評議員、那須皓農学部評議員らからも主張され、田中もこれらを受けて「大学の自治を侵害せんとする力が動けるにより之を容るるに至ることを憂慮し事を慎重に講ずべきものとするなり」と述べている。

その後、平賀譲工学部長は、「近時人を目して軽々に非国家的なりと濫《みだ》りに呼ぶの傾向あるは遺憾に堪えざる風潮なり」と土方を戒め、「苟《いやしく》も大学教授を目して非国家的なりと断定するは事頗《すこぶ》る重大にて極めて慎重なるを要す」と、ほぼ田中と同旨の発言を行った（「昭和十三年三月二十二日東京帝国大学評議会記録要旨」『東京大学経済学部五十年史』）。

教授会で承認されない休職要求を評議会で行った土方の振る舞いは、周囲には「大学の自治」に反する行為と映ったのである。結局、判決が確定するまでは休職は不要とする意見が通った。

法経問題――「行政は純理のみではいけぬ」

この間、長与総長は木戸幸一文相とたびたび会見し、穏当な解決を目指した。長与から見ると、経済学部の教授会が決定能力を失っていることが第一の問題だった。長与は事態が深刻となれば総長自ら人事に介入することを覚悟していた。

他方で、民間右翼や貴族院など学外からの攻撃は経済学部教授のみならず、法学部教授にも及んでいた。長与と懇談した木戸文相はこれを「法経問題」と言い当てている（「長與又郎日記」38・5・7）。長与も、経済学部の問題を処理した後、法学部に関する問題の処理を計画していた。

一九三八年五月一七日、大内問題が紛糾する中、評議会後に那須農学部評議員は、「法経の某々《ぼうぼう》氏之《の》為《た》めに大学全般が非難之的となるは堪えざる所」、「法経両学部に対する幾多の批難に対し両学部が如何《いか》なる態度を採るか」と法学部・経済学部を問い詰め、「自然科学方面も多大之迷惑を感じ居ること。世評が間違えて居るのに対し両学部は何等の弁明をもなさずして可なるか」と発言した。

田中法学部長・舞出経済学部長の応答は「弁解的の答えありたるも一般には納得出来ぬ、単なる自家弁護なり」と長与は冷たく見ている（「長與又郎日記」38・5・17）。全学の会議でも、それを踏まえた長与も、法学部への視線は決して温かくはなかった。

大内兵衛らが検挙された二月一日は、貴族院で三室戸敬光が田中の著書『法と宗教と社会生活』を取り上げ、神社を国民全体として崇拝することは許されないと主張しているとして論難した日でもあった。三室戸は天皇機関説事件でも菊池武夫とともに美濃部達吉を攻撃した貴族院議員であった。

答弁に先立って、木戸文相は、貴族院の柳原義光・酒井忠正に善処を依頼し、三室戸にも会い、状況の説明を繰り返した。二月一〇日、この件について木戸は、当の本がすでに絶版だったことをあげて田中を弁護し、田中は不問に付された（『第七十三回貴族院議事速記録第十号』）。

この時期に木戸文相は長与に、法学部は「外部の空気に認識不足である。行政は純理のみではいけぬ」と説き、「理論一点張にて世界と没交渉だと大きな危険が伴う」と注意している（「長與又郎日記」38・3・17）。

長与総長は木戸文相との間の信頼関係に重きを置き、対処しようとしていた。経済学部は内紛の中、分断されたままであり、法学部は学内外の経済学部への糾弾が自身に回らないように努めなければならない状況であった。

荒木貞夫文相の登場――帝国大学総長選挙問題

一九三八年五月二六日に木戸が厚相専任となり文相を辞任し、後任に荒木貞夫が就任した。荒木は、陸軍皇道派の首領と目され、皇道派の起こした二・二六事件後、統制派が主導権を握った陸軍中枢から追われ予備役に編入されていた。

七月一三日、京大の新総長をめぐる人事で、荒木文相が慣例上行われてきた選挙による選任を拒否するよう事務方に命じた。これは総長選任への文部省の直接介入であり、「大学の自治」について文部省と大学とが直接対峙するきっかけとなった。

長与総長を訪れた山川健専門学務局長は、七月八日に大臣が伊東延吉次官を突如呼び寄せ「公選の絶対非なるを述べ」たと説明した（「長與又郎日記」38・7・13）。こうして文部省は、天皇機関説事件までのような大学への煮え切らない態度を捨て、強硬に統制を加え始めた。ただ、荒木文相と伊東次官は熱心だったが、山川局長らは消極的だったように、文部省は一枚岩ではなく、大学が有利に事態を進める余地はあった。

七月二七日、長与総長は荒木文相と会見し、荒木が選挙による選任の否認にこだわるならば、「結果は如何に発展すや不明」と警告を発している（「長與又郎日記」38・7・27）。翌二八日に、五帝大総長と荒木文相以下の文部省幹部との懇談会が開催された。この席で荒木は、総長のみならず学部長、一般の教授の選考についても選挙による選任の慣行に疑義を表明し改革を指示した。突然の指示に帝大側は対応に追われ、まずは東大が窓口となって文部省と交渉することとなる。

すでに七月二二日に、田中法学部長、石原忍医学部長、丹羽工学部長、舞出経済学部長の四学部長に問題の検討を託していた長与総長は、今後の方向性を定めるために、八月一日に評議会を開いた。終了後長与は声明を発表し、現在の総長、学部長、教授、助教授の選考推薦の方法について、「その根本精神は大学の使命達成上最も肝要であり今日変革を加うるの必要を認めざるものである」と宣言した（「長與又郎日記」38・8・1）。

学内では、この「根本精神」の内実、さらには大学の自治について、各学部の教授会、評議会で議論が重ねられた。これらを通じ、「根本精神」を十分自覚した上で、大学の自治を捉えるべきだという方針が基調となっていく。

荒木文相対田中法学部長

八月一二日、荒木文相自ら出席のもと、文部省と東大総長・学部長との懇談が行われた。この懇談が重要なのは、東大側が田中を中心に方針を整理し、大学の自治に基づく総長選挙の重要性を明快に主張して、結果的に文部省側の妥協を引き出すことに成功した点にある。

田中は次のように大学の自治について自説を展開した。まず「大学の自治は大学の生命であり、大学が潑剌《はつらつ》たる生命を維持し、又これを発達せしめる為に大学が国家に対し負担して居る光栄ある義務である」と「根本精神」を弁ずる。その上で次のように続けた。

官吏たる教授が大学自治に立籠《たてこも》るは怪しからぬという向《むき》もあるが、職務遂行の違うところから一概には言えない。区裁判所判事でも、絶対に司法大臣の指揮命令は受けぬ、上級審の判事も上訴ある時之《これ》を破毀《はき》し得るのみ。之が司法権の独立である。法律を公正に行うためには、有《あ》らゆる政治、行政上の便宜、一人の我儘《わがまま》より解放されねばならぬ。司法官の地位が保障されて始めて公正に法律を解釈し国家の為に尽《つく》し得る。大学教授は憲法上司法官とは違うが職責上実質上似て居る。司法官は正邪《せいじゃ》を判断し、大学教授は真偽を判断する。世上偽とするところを真とする事なきにしもあらざる事は裁判官の場合と同じ。若《も》し教授が世論に動かされ、行政的権力に影響される制度となって居れば、国家の学問の健全な発展は望み得ない。教育も亦《また》政治より分離されねばならぬ。

(『大学の自治』)

前章で触れたように元来田中は、司法権の独立と大学の自治とを同型とする考えを司法官論で採っていたが、ここでも同様に説明しようとした。その論拠は、ドイツの公法学者アルノルト・ケットゲンの『ドイツ大学法（*Deutsches Universitätsrecht*）』であり、戦後に至るまで田中の議論の基調となっていった。

さらに田中は、司法官や学者・芸術家と行政官との違いを強調しつつ、次のようにまとめる。

> 職業により要求される徳は一様でないが、行政官にあっては服従、司法官にあっては公平、学者、芸術家にあっては不羈《ふき》独立である。然《しか》らざれば曲学阿世《きょくがくあせい》の腐儒《ふじゅ》で国家の為にならぬ。

だが長与総長は、荒木文相を前にした田中について好感を持たなかった。「田中の話は良かりしも、例により余りに講釈振りにて長く、理屈は通っても先方に不快の念を与えたるべし」と記している（「長與又郎日記」38・8・12）。

のちの回顧で田中は、長与総長が当初から妥協的姿勢だったことに強い不満をもらした。田中は総長とは別に、これまでの大学の運営方式に問題がないことを直接大臣に強硬に主張しようと身構えたのである（『大学の自治』）。長与にとり、「大学には少しも悪いことはない」「面子《めんつ》は先方で立てるべきだ」という田中の口ぶりが、「平和の時代に於て純理を弄ぶ態度」と見え、絶対に容認できないものだった（「長與又郎日記」38・8・19）。

文部省と東大の交渉結果

荒木文相との懇談会の翌八月一三日に、長与総長に近衛文麿首相の秘書官から、荒木文相が考えを変え、推薦に投票を用いることは差し支えないとした話が伝えられた。

八月一七日に、文部省は東大に総長の選任手続として、学部長を含む協議会が候補者三名を選考し、学部長はこれに意見を述べる際に各教授の意見を賛成数を含む形で添え、その結果を総長が文相に推薦の形で伝えるという案を示した。

また、これまで任期の規定が天皇大権に反するとして撤廃を唱えていたが、それも取り下げた。任期制の下で実質的に選挙を認めることで、大学による総長の選任手続が尊重される仕組みとなり、従来の手続を温存することとなった。

学部長・教授・助教授の選考も、実質的に教授会での投票によることになった。法学部教授会で報告を聞いた矢部貞治は「然《しか》しよく東大も頑張ったものだ」と感慨を記した（「矢部貞治日記」38・10・28）。田中ものちに「あのような情勢の下で、大学がとにかく自治を守りえたのは全く不思議である」と振り返り、この結果には満足していた（『私の履歴書』）。

総長選挙問題は、配属将校増員問題と同様に、大学制度に関わる政府からの改革要求だった。

大学制度の問題はすべての大学に共通する問題であり、全学部が一致協力し総長の下で交渉方針を立てることに大きな障害はなく、学内の亀裂が生じにくい。また制度論である以上、学外からの政治運動の標的にもならない。

これに対して個々の教授への攻撃は、その教授の属する学部に対する政治運動の側からの攻撃となり、全学で結束し守る布陣を最後まで取り続けることが難しい。それが問われたのが平賀粛学だった。

河合・土方の処分

総長選挙問題が終息するなか、右翼の攻撃対象は経済学部の河合栄治郎に向けられた。特にこの八月頃から攻撃が激しくなり、長与又郎総長は河合の扱いに苦慮していた。

九月一六日、長与総長は河合に、直接の政府批判ともとれる『ファシズム批判』の刊行を自主的に取り下げるよう促したが河合は固くこれを拒んだ。この日の日記に長与は、「現今帝大に対する攻撃の約80%は」河合に向けられていると記している（「長與又郎日記」38・9・16）。

一〇月に入ると、河合の著書四冊が内務省より発禁処分を受けた。

一一月末、長与総長は病気を理由に職を辞し、改正されたばかりの新しい制度の下での総長選挙が進められた。一二月には河合への警視庁の取り調べが始まり、その起訴も時間の問題だった。新総長はまずこの問題を解決する必要に迫られていた。

長与の後任には、国際私法を担当し田中とも親しい法学部の山田三良が選出された。だが文部省は、前年の総長選任に関する大学側との対立からか、東大独自の選挙過程に疑義があるとして、山田の選出を問題視し、すぐに辞令を交付しなかった。前年の改革問題はまだ尾を引き、東大側の投票結果がそのまま了承される状況ではなく、山田は総長就任を断念したのである。

法学部長の田中は、山田に代わる候補として「熟慮断行型で、大学自治を守る熱意に燃えている」前工学部長の平賀を適任と考え（『私の履歴書』）、工学部を説得し再選挙に臨んだ。一位となった平賀は、田中らの強い説得もあり、一二月一八日に就任の内諾を伝えた。元海軍造船中将の総長就任を文部省も陸軍大将の荒木文相も異論を唱えることなく、二〇日に認めた。

一九三九年一月早々に近衛首相は内閣を総辞職し、代わって司法官僚出身で右翼勢力の主導者でもあった平沼騏一郎に大命が降下した。文相は荒木が留任となり、大学に対して首相も含めて強硬となる可能性が出てきた。

新総長の平賀は、河合栄治郎の処分問題に臨んだ。平賀は発禁処分となった河合の著書について、法・経の学部長・評議員による審査会を設けて検討させた。一月一一日、河合の弁明の聴取後、審査会は結論を平賀総長に上申する。「教授の地位に在《あ》る者としては慎重を欠く」とし、人事について専横な姿勢で学部内の紛糾原因を作った責任が重いと指摘した。同時に河合と対立していた前経済学部長の土方についても、紛糾原因を作った責任をとるべきだとした。

一月一二日、最終決定を一任された平賀総長は、河合に辞職を勧告した。河合は辞職を断固拒否したため、一七日に総長は各学部長の意見を求め、「人事問題の機微なるに鑑み種々考察したる結果自己の責任に於て実行するを最善なり」と信じていると述べて河合・土方の処分についての合意を得た後、二五日に両教授に辞表の提出を求めた。土方にとり自らが処分対象となったことはまったくの不意打ちであり、学部紛糾の原因による辞職を拒否し抵抗した。

一月二七日、平賀総長は躊躇《ちゅうちょ》なく荒木文相に両人の休職処分を上申し、荒木に直接会見して理解を求めた。荒木は文官高等分限委員会開催を平沼首相に求めた。他方で、河合も土方も、グループの教授・助教授・講師・助手とともに連袂辞職に打って出た。経済学部一九名の教官のうち一三名の辞意表明には学内外から非難が集まった。荒木文相は、衆議院でこれを非難し平賀支持を表明する。河合については一月三一日に、土方については遅れて二月一三日に文官高等分限委員会が開催され、休職を決定し、ともに即日発令となった。

二月一四日朝、平賀は荒木文相と会談後、午後に評議会を開き、この件について全員からの了解を得た。終了後に記者会見を行い、休職措置と今後の経済学部再建について公式に説明したのである。

辞職表明した経済学部教官については教授のみ受理し、助教授以下は原則として慰留に努める方針も了承された。結果として、河合・土方それぞれのグループの教授たちが一掃され、そこから経済学部の再建が進められる。これが東大の歴史に残る「平賀粛学」である。

この処分は、長与前総長も繰り返し日記の中で選択肢として記していた。また田中を含めた評議会も河合・土方の処分は当然とした。だが、総長と評議会の雰囲気を知らない一般の教授の中には、教授会を経ず総長の独断によって教授の休職を文相に具状するのは、きわめて悪しき先例となると考える者も少なくなかった。

法学部長辞任——平賀粛学後の混乱収拾

河合・土方双方への休職処分は、経済学部と交流が深く、周囲からも同根の問題を抱えているとされた法学部の教授会で激しく議論された。自由主義者で知られた河合が処分されれば、右翼からたびたび攻撃されている法学部教授も、教授会での議論のないまま総長からの処分が及ぶのではと懸念された。平賀の裁定を田中法学部長が強く支持したことはほぼ明らかであり、平賀の裁定への批判はそのまま田中への非難ともなった。

すでに発令されていた河合の処分が発表された二月二日、法学部教授会は激論の場となった。「この機を逸《いっ》せず田中学部長を陥れよう」とするのが田中以上の世代の教授たちで、刑法の小野清一郎、英米法の高柳賢三、労働法の末弘厳太郎、そして評議員で唯一処分に同意しなかった外交史の神川彦松だった。田中支持は国際法の横田喜三郎、憲法学の宮沢俊義、国際私法の江川英文だった。

助教授の矢部貞治は、会議中の小野を「ヒステリックに青筋を立てて嬌声《きょうせい》を発し、机を叩くという有様」だったと冷たく見ている。当の矢部は、政治思想史の南原繁が「純理と純情とそれに豊かな立場」で田中への反対姿勢を取ったのに強く共感した（「矢部貞治日記」39・2・2）。またこの席で行政学の蠟山政道は辞職を仄《ほの》めかし、のちに法学部教授でただ一人辞職する。

余震・法學部教授會に及ぶ…
論爭實に五時間
田中法學部長らに非難の矢
蠟山教授辭意を表明

法学部長としての田中の行動がメディアから非難された，『東京朝日新聞』（1939年２月３日）

教授会メンバーとは別に、若手の助手の間でもこの問題が持ちきりだった。丸山真男によれば、「大学の自治としての筋論が一方にある反面」「時局に便乗している革新派教授〔土方成美〕にたいしてザマをみろという感じも率直にいえばあった」という雰囲気だった。土方についての「大学のガンだという強い印象」という丸山の言葉からも、土方らへの強い反発がよどんでいたことがうかがえる（『聞き書　南原繁回顧録』）。田中支持の若手助教授たちもこうした感情を共有していた。

続く二月九日の法学部教授会には、新聞記者が押し寄せた。田中は教授会の議事が新聞にリークされていることを理由に、河合の処分を議論する懇談会を開かないと宣言し、田中反対派から「痛罵《つうば》」された。矢部もさすがに「よく田中さんも我慢したものだと思った位」の雰囲気だった（「矢部貞治日記」39・2・9）。

クライマックスは土方成美の処分が決定された翌日の二月一四日である。緊急の法学部教授会懇談会が開かれたが、「熱論」もなく、平賀粛学を認める田中支持派の見解と反対派の見解との双方を総長に伝えるとする結論となった（「矢部貞治日記」39・2・14）。法学部の対応を見極めるために集まっていた総長、他学部の学部長に、総長宛の法学部の決議内容を田中が告げると、平賀総長は「法学部がそういう態度に出るなら、これ以上職に留まることはできない」と辞職の意思を表明した（『生きて来た道』）。

責任を感じた田中は、法学部選出の評議員我妻栄、佐藤寛次農学部長と深夜に意見を交換し、平賀総長の辞職を食い止めるために自ら責任をとって法学部長を辞めることで、法学部からの総長への批判を押さえようと決断した。

二月一七日、法学部教授会で田中は辞職を表明した。ただし、外向けの理由は平賀粛学との関係を明らかにせず「漠然として置く」ことと決まった。集中砲火を浴びていた田中を見るに見かねていた矢部貞治は「僕はかねてから田中先生の出来るだけ早く止《や》められることを先生自身のためにも法学部のためにも必要と考えていたので、これでほっとした感じがする」と記している（「矢部貞治日記」39・2・17）。

田中の法学部長時代の一年一〇ヵ月は、このように激動の中で幕切れとなった。

その後、経済学部では、平賀自身が学部長を兼任し再建を進めた。法学部への文部省からの介入も特になかった。田中は矢部に「河合を処置して後は断じて大学に手を付けさせないというアンタントﾞ〔合意〕が文相と総長の間にある」と語っている（「矢部貞治日記」39・3・2）。結果として、東大にさらなる介入が及ぶ事態はひとまず避けられたのである。

田中にとっての大学とは

学部長としての田中は、教授会できわめて特徴ある議事進行をとっていた。教授会での発言を自ら克明に記録していたのである。「だれかが発言して、だれかそのつぎの人が発言しようとすると、『ちょっと待ってくれ』といって、発言をおさえておいて、メモをとり、それから他の人を発言させた」。

このスタイルを田中は、戦後の参議院文教委員長時代も、最高裁判所長官時代にも貫いた（横田喜三郎談『人と業績』）。

事務方が逐語《ちくご》的に発言を記録しない教授会のような会議の場合には、不規則発言を封じる効果があったであろう。のちに田中は、最高裁判所の判決を確定する裁判官合議について「門外不出」のメモが手元にあることを、誇らしげに語っている（『私の履歴書』）。田中がそうしたメモの存在を生前語っていたことは、同席した関係者への圧力にもなっていたであろう。

また、田中による大学の自治は、荒木文相の前でも、「矢部貞治日記」などで記録された発言でも、「大学の自治」であって、「学部の自治」ではない。何よりも文部省から「大学に手を付けさせない」ことが重要だった。

のちに田中が教育論を大成した『教育基本法の理論』では、「一、二の学部が如何に優秀であっても、世間には知られない。知られるのは大学としてである」とする。そこから「諸学問の統一性を基礎とする学問的共同体である大学」において、専門領域や学部を超えて「大学の実質」を見出すべきという主張が導かれる。

他方で、法学部内で特定のグループに属すことなく、一個人として田中への強い批判を繰り返した南原繁は、「学部の自治」を重視した。

南原は、東大総長に就任した一九四五年一二月以降、とりわけ戦後の新制大学制度の発足を経て、総長として学部の意思を尊重しつつ大学の再建を進めた。たとえば全国教授連合では「教授会の確立強化」の決議作成に注力する。田中が総長から見た大学全体への把握にこだわったのに対し、南原は個々の教授さらには「教授会の自治」を積み上げた先に「大学の自治」を構想した。それは戦後新制大学が発足する過程を主導した南原東大総長の理念として、「大学の自治」の基軸となっていく。

そして、田中が部内のやりとりを好んで外向けに説明する傾向があったように、田中流の「大学の自治」には公開の姿勢が強く表れた。かたや総長南原は「自分が関与したことをできるだけ隠す」「個人的に口頭で話すことによって、証拠が残らないようにしていた」という

（「土持ゲーリー法一氏に聞く」）。「学部の自治」からは情報秘匿の下で自治が保たれていく。戦後になって、田中と南原は、それぞれ文相、東大総長として、異なる考えと振る舞いで教育改革を進めることになる。

3　ラテン・アメリカ――日本との共通性

北米・南米諸国への歴訪

平賀粛学を支えたために、強い批判を浴び、事態収拾のために法学部長を辞任した田中には、しばらく冷却期間が必要だった。

法学部長を辞任してから三ヵ月後の一九三九年五月、田中はブラジル、アルゼンチンの諸大学・文化団体からの招聘《しょうへい》で、アメリカを経由し両国をはじめ、チリ、ペルー、パナマ、メキシコを訪問するため出発した。

船でサンフランシスコに到着後、飛行機と鉄道でニューヨークに行き、ボストンでハーヴァード大学を訪問し法哲学者ロスコー・パウンドに会い、イェール大学ではアメリカ在住の歴史学者朝河貫一から日本の状況について憂える意見を聞かされた。

ニューヨークから再び船でリオデジャネイロに向かい、サンパウロ、ブエノスアイレスの大学と日系人社会を訪れた。さらに飛行機でアンデス山脈を越えて、サンチャゴ、リマに行き、パナマ、グアテマラ、メキシコシティ、サンフランシスコへ至り、一〇月に帰国した。
日本は中国と交戦状態であり、ドイツのチェコ併合、イタリアのアルバニア併合といった日本の同盟国による国際秩序解体が進んでいた時期である。現地の大学人から日本への不信感が高まっていることが強く伝わる歴訪だった。
田中は、このラテン・アメリカ視察を契機に「それまで政治に関心をもたぬ方だったが、このとき以来、独裁制、民主制、君主制、共和制というような政治理論について興味をもつようになった」と振り返る(『私の履歴書』)。さらに、次のような日本との共通性を発見した。

ラテン・アメリカ政治生活に於ける諸病理的現象、就中《なかんずく》イベリア半島から持ち越したところの、レジオナリズムとパーソナリズム及び地方的ボスと軍人階級との政治に対する重要な役割殊《こと》にそれが頻繁な政変の原動力になっていること、強力政治に対する盲目的服従と、それが去った場合のアナーキー状態、独裁政治の下に於ける密偵、弾圧、秘密裁判、簡易裁判、頻々《ひんぴん》たる暗殺や宮廷革命等は、日本の政治生活上の諸病理的現象を其の儘《まま》表明し、又は少くとも我々に存在する素質を明示するものである。

(『ラテン・アメリカ史概説　上巻』)

ラテン・アメリカ史と一九三〇年代以降の日本とに共通する比較政治の素材を見出したとい

うのである。

帰国後の田中は、ラテン・アメリカの文化・社会・歴史について次々に論考を執筆した。また『ラテン・アメリカ紀行』を刊行し、田中の趣味の一つとなったカメラによる写真とともに現地を紹介するよう努めた。また現地で、16ミリ映画の撮影を行い、フィルムから写真に仕立て掲載している。旅行中特に田中が驚いたのは旅客機だった。南米を舞台にしたサン＝テグジュペリの『夜間飛行』を渡航前に読み、飛行を体感しカメラに収めたのである。

当時の日本人としては稀なラテン・アメリカ訪問の中で、信者団体との交流や信仰の篤《あつ》い知識人との対話などカトリックを通じた文化交流を精力的に続けた田中は、「知ることは愛のはじめであるから、それ以来、ラテン・アメリカ諸国に対する私の愛情は漸次《ぜんじ》深まっていった」と述懐する（『私の履歴書』）。

4　太平洋戦争の中で

自由と権威

一九三九年一〇月、田中は五ヵ月ほどの外遊を終えて帰国した。前月にはドイツのポーランド侵攻による第二次世界大戦が勃発していた。

田中は、一九四〇年に刊行した論説「転換期に於ける若干の法律哲学的問題」（『法律哲学論集三』）で、「現今の情勢に於ては、国際関係国内関係共に政治の優位が顕著である。政治は、法、道徳、芸術、経済等人間生活の各分野に対し自らの支配権を主張している」とした。田中が新たに強調するのは、「権威」による秩序づけである。統制経済の急速な制度化に伴う法令の改廃が法の権威低下を招くことを取り上げて、法の権威を復活すべきと説いた。

さらに、この年に準備し戦後に公刊した論説「国家」（『法律哲学論集三』）で田中は、国家は自然法の基礎に立脚しているという従来からの主張に加えて、道徳的世界秩序の一部としての国家の権威に服従するのは人民の義務であると説いた。

田中が権威の重要性をとりわけ主張した領域が教育である。戦時体制の中、教育現場では混乱が起き、教師への信頼が低下していた。そこでは必要な権威とは、教師に無批判に追従する「外的物質的権威」ではなく、精神生活の内的な権威だと田中は説く。「福音書記者に依《よ》り基督《キリスト》が学者の如くならず権威ある者の如く語り給《たも》うたと伝えられている意味に於ての権威」なのである（「教育と権威」『教育と権威』）。

学生の自由意志は承認されなければならず、教育者も国家から独立した教育を保障され、その中で教育にふさわしい適格を帯びていなければならない。田中は、学校教育だけでなく、家庭教育も重要だと、ラテン・アメリカの日系人社会を踏まえた上で力説した。

こうして田中は、自由を保障しながら、なおかつ権威による秩序を構想するが、政治の権威は、法的安定性と一体であった。激変する状況の中で、法律の規定内容も変わり、その相対的性格が際立つ。そこで法的安定性を保つには、自然法の正義の下で、国家によって制定された法そのものが権威を持つ必要があると田中は捉えた（「転換期に於ける若干の法律哲学的問題」）。

一九四一年二月に内閣情報局が、総合雑誌の編集部に執筆禁止名簿を内示し、その中に矢内原忠雄、評論家の清沢冽、海軍出身の軍事評論家水野広徳と並んで、田中が挙げられたという指摘がある（『雑誌「改造」の四十年』）。この時期に思うように論説を発表できなくなってきたと、田中ものちに振り返っている（『生きて来た道』）。

このような困難な論壇の状況下、田中が熱心に寄稿したのがラテン・アメリカ論だった。そこには、政治的に不安定なラテン・アメリカを描くことで、間接的に日本の状況を批判する意図があった。

戦下の研究者として

一九四一年一二月、日米開戦という田中がもっとも嫌う戦争の時代となる。田中は早い段階で、日本の敗戦を予期していた。一九四三年八月、軽井沢で田中は平賀肅学で因縁の関係だった河合と道で出会っている。そのとき田中は、「独逸《ドイツ》は今年中で駄目だ」と河合に話している（「河合栄治郎日記」43・8・25）。

前章で触れたように、田中は、司法省での商法改正、商工省での取引所法改正などの法実務に深く関わった。その延長で一九四三年には、企画院東亜研究所の調査事業として、中国で商事慣行調査を行った。もっとも田中は、現地では親日ではない中国人たちとの交流を求め、講演ではもっぱら自然法を話題にした。

現地調査の一つの成果は、一九四三年の論文「シナ社会の自然法的秩序に就て」にまとめられた。中国では慣習法が優位であり、それが自然法的秩序に沿っているとする。自然法的秩序は儒教に基づく王朝の交代を正当化する易姓革命を内に含み、自然法の「保守的の役割」と「革命的の機能」の双方を含むと結論づけている(『法律哲学論集三』)。

戦時下の日本で田中は法の相対性を認めるようになっていたが、自然法概念は、戦時下の中国という場でより柔軟に解釈された。またこのときに現地で収集した資料を基に、『法家の法実証主義』をまとめ、戦後の一九四七年に公刊している。中国では刑罰を定めて人々を統制するよう説く韓非子など法家の法思想という実証主義の系譜があり、儒教的な自然法と法家の実証主義の双方が、歴史的伝統の中で継承されていると捉えた。

このように、第二次世界大戦下でありながら、ラテン・アメリカの政治史を見渡し、中国の法思想史を研究することで、田中は広く世界の政治と法を捉える視野を保ち続けた。

戦局悪化と終戦工作

戦局が悪化する中で田中は、一九四四年一月に、海軍省調査課の設置した法律政策研究会の統轄者になっている。東大からは我妻栄、田中二郎、石井照久が参加し、海軍軍人とともに、国内の法制、家族制、教育・宗教制度や、南方統治問題を広く議論した。

教育問題を議論する中で研究会は、教育の政治からの独立が教育自体の権威を維持することになり、「神がかり的精神主義」に走る文部行政への批判を展開している。それは戦後を見据え、様々な問題について自由度の高い議論を交わす場だった。

のちに参議院議員選挙に立候補するため、公職適否の審査を受ける際、田中の提出した文書では、法律政策研究会の趣旨について次のように述べている。


海軍省法律政策研究会は、自由主義的思想を有し、陸軍の政策に反対し戦争を早く終結することを願っていた東京帝国大学卒業の二三の主計のイニシアチーヴにて出来たものである。類似の試みは法律のみならず哲学、政治その他の分野についても存在して居り、東京帝国大学その他の大学の自由主義的教授がそれに協力していた。一言にしていえば彼等は皆太平洋戦争反対の思想をもっていたのであり、従って会合は公々然とはなされなかった。（「回答」『田中耕太郎関係文書』第二部一（9）3）

田中は徐々に戦争終結を見据えて行動を取るようになる。軍は田中の反戦的姿勢について把握し、一九四五年に入ると田中は一時憲兵による検挙予定者となった。カトリック信者の憲兵がそれを察し田中邸に出向き、「上野駅から奥様、ご子息とともに逃げていただいた」といった一幕もあったという（中村巳喜人「キリスト教徒の戦争体験記」）。

戦局が凄惨な空襲を招く中、東大法学部では三月に学部長に就任した南原繁を中心に、これに共鳴する田中らによる重臣に対する終戦の働きかけが行われた。内大臣の木戸幸一と親しい高木八尺の紹介で、木戸や若槻礼次郎元首相らを手分けして訪問し、終戦の道筋を議論した。だがあくまで懇談にとどまった。

法学部とのわだかまり

こうした終戦工作に先立つ一九四三年末、田中は国際法を専攻する安井郁の教授昇任に激しく反対し、横田喜三郎とともに若手教授らを説いて回った。安井が時局に迎合的だったからである。投票で昇任が決まると田中と横田は辞職を申し出るが、若手助教授を中心に様々な慰留がある中、田中と横田は撤回する。学部の分裂を回避しようとして安井の人事を認めた南原らの意見が多くの支持を得ていた。

これ以降、田中は法学部に微妙なわだかまりを持つようになった。この時期に田中は、弟子の石井照久から商法の解釈論について尋ねられて「世界の大勢と関係がない」と断じたり、鈴木竹雄が一九四四年に発表した論文「共益権の本質」について「概念法学にすぎない」と述べるなど、法学解釈論の細目より政治的潮流への関心を強めていく。

もっとも、弟子たちとヴァルター・ラーテナウの『株式について（*Vom Aktienwesen*）』の講読会を開いたり、ラートブルフの『法哲学』の輪読会を主宰するように、商法・法哲学を再考し、法学部の知的共同体へ根を下ろそうともしていた。

また田中は、南原の最初の著書『国家と宗教』（一九四二年）の刊行に際し、カトリック自然法からその主観主義を鋭く批判する（「南原繁教授著『国家と宗教』」）。対して南原からは田中の教会の絶対視こそが問題との反論を受け論争を呼んだ（「カトリシズムとプロテスタンティズム」）。ともに、厳しい政治環境の中で学の存立基盤を問いかけ、論争を歓迎する姿勢をとった。こうした宗教的立場の相違が呼び起こす劇的緊張感の世界に、田中は南原を誘いかけた。それは戦後の教育改革に再び再現される。

そうはいいながら法学部とは徐々に微妙な距離をとるようになる田中は、学外で異分野の知識人と戦後を見据えた会合を頻繁に重ねるようになっていく。この新たな集団を拠《よ》り所として、敗戦後日本の再生のための活動が始まる。

第5章 占領下の文相就任——教育権と憲法の「番人」

1 敗戦後の同心会——知識人の役割

敗戦後を見越した「三年会」発足

一九四五年一月一〇日、鎌倉の哲学者西田幾多郎のもとに、京大文学部哲学科時代から西田に師事していた谷川徹三が訪れた。「外務秘書加瀬の申出の用件」と西田は日記に記している(「西田幾多郎日記」45・1・10)。一二日、谷川の訪問で一定の了解を与えた西田を精神的支柱とした会が重光葵外相のもとに発足した。出席者は、作家や大学人で、田中を含め、安倍能成、志賀直哉、武者小路実篤、和辻哲郎、山本有三、谷川徹三、富塚清である。

この会は、麴町区三年町の外相官邸で開かれたことにちなんで「三年会」と名付けられたが、重光が外相を退任すると、志賀邸や、空襲で自宅焼失後に田中が身を寄せた岳父の松本烝治邸などで会合を重ねた。もっぱら戦局の悪化する中で、日本に何が可能か意見を交換する会だった。あるとき重光外相が、敗戦を見越した上で、今後は社会主義が世界に広まるであろうという見通しを述べ、多くの出席者はこれに驚き、納得できない雰囲気に包まれたこともあった（富塚清『ある科学者の戦中日記』）。無条件降伏を含めて日本の将来について議論する中で、山本有三の提案をもとに、終戦の詔勅案の起草と戦後早い段階で総合雑誌を発刊することも話し合われた（『加瀬俊一回想録（下）』）。

谷川徹三によればこの場で田中は次のように力説したという。

ラテン・アメリカの諸国では、一般国民が政治的に未成熟なところから、たえず革命と反革命とをくりかえして政局が安定しない。日本人もヨーロッパ人に比べると社会的政治的訓練において著しく欠けるところがある。もし天皇のような、政治的権力はもたないけれど、日本の歴史と伝統とに深く結びついた精神的権威を持ったものがなければ、今まででもうラテン・アメリカのような運命をくりかえしていたかも知れない。敗戦後の混乱を防ぐためには、このことが十分考慮されなければならない。（「思い出」『人と業績』）

ラテン・アメリカの政治的混乱を繰り返す歴史を反面教師として、政治的安定を精神的権威によって確保するという田中の視点は、天皇制を擁護する文脈で、戦後に繰り返されることとなる。

一九四五年八月、日本の無条件降伏によって戦争は敗北で終わる。敗戦は、田中らにとってすでに予期されたことだった。また田中は前章で触れたように、海軍軍人との研究会で戦後構想を模索し、南原繁ら東大法学部の教授とともに終戦に向けた政界人の説得にも参画していた。だが、田中には、三年会がこれらと比べて格段の重みを持つようになる。

三年会は、「同心会」と名称を変えて、九月一五日に日本倶楽部で発足の会を開き、規約も備えた。会名は柳宗悦の発案で、安倍能成は大学人や作家を中心に、大内兵衛、高木八尺、仁科芳雄、信時潔、柳宗悦、務台理作、広津和郎、今井登志喜、鈴木大拙、里見弴、児島喜久雄、関口泰、戸田貞三を新たに加えて発足したと振り返る（『戦後の自叙伝』）。

田中の作成した一九四五年の「名簿」では、このほかに石橋湛山、梅原龍三郎、小泉信三、小林古径、高村光太郎、津田左右吉、長与善郎、松本重治、安田靫彦、横田喜三郎らの名がある。当初の三年会から、芸術家、ジャーナリストなど多様な出身からなる会だった（『田中耕太郎旧蔵教育関係文書』０９６．２―１２１）。

雑誌『世界』の発刊

同心会は、一九四五年九月末に安倍能成の親友だった岩波茂雄から総合雑誌発刊の了解を得て、一九四六年正月号から『世界』を刊行した。雑誌名は谷川徹三の発案である。もっとも岩波書店では、同心会とは別に独自の雑誌公刊の機運があった（吉野源三郎『職業としての編集者』）。そのため、双方が折り合う形で、第一号は同心会を代表して田中による「発刊の辞」と、岩波茂雄による「『世界』の創刊に際して」とが巻頭と巻末に置かれた。

この微妙な関係はやがて破綻するが、田中と岩波とでは敗戦の混乱を前に大義なき戦争への反省と批判を表明し、その原因を文化が歪《ゆが》められたことに求め、文化の再建を誓う点で共通していた。その上で田中独自の表現は、次の「発刊の辞」の一文にあると言うべきだろう。

為《な》す可《べ》きことは極めて多い。道義と文化とに生くべき国家としての教育の重大性の自覚、その改善強化、科学の内容的振興、宗教や芸術の浄化深化とその普及等、一々は挙げるに暇《いとま》がない。固陋《ころう》にして背理な国粋主義や神がかりを払拭すると共に、伝統の美質を発揮せねばならない。学界言論界を粛正し、特に学者知者の操守《そうしゅ》と勇気とを強調し、公正な論議や批判を活発にせねばならない。何よりも民衆の質的向上と民意の健全な昂進《こうしん》とによって社会正義を実現し、これを病的なアナーキーから救い、新たに台頭する権力の横暴独裁に備えなければならない。

（『世界』一九四六年一月号）

田中による「本会設立の目的」と題された草稿には、この表現の素案と思われる次の一文がある。

我々は今や長い間失われていた文化の自主性と権威とを回復しなければならぬ。転換が表面的外見的のものならば、それを偏らない確信に基くものにしなければならぬ。今後政界、思想界、文化界に於て転換期にあり勝ちなアナーキー状態が支配したり、卑俗的不健全な要素が優勢にならないとも限らない。我々が国家の権力や卑近な政治の要求から独立して真善美を追求するの風を国民の間に盛んにすることこそ如何なる情勢下に於ても文化関係者の恒久的の任務である。（『田中耕太郎旧蔵教育関係文書』０９６．２—１１９）

「思想的アナーキー」を克服し、「権力の横暴独裁」や「不健全な要素」を斥《しりぞ》けることを強調するのは、田中ならではの表現であり、これと岩波の意見の相違は当初から伏在していた。田中は第二号に「新政治理念と自然法」を執筆するなど寄稿を続ける。

だが、その後『世界』がより若い世代の書き手を中心に、戦後民主主義を市民運動とともに推し進める雑誌となるに及んで、一九四八年七月に同心会としては雑誌『心』を新たに発刊する。田中ら会員は、ここで保守的自由主義の論陣を張る。

なお、新しく若手の代表的な執筆者となる丸山真男を『世界』編集部に紹介したのは田中である。寄稿者の世代交代を結果として進めたのは田中自身であった（『丸山眞男回顧談　上』）。田中の『世界』への寄稿は、一九四八年九月号と一一月号のソロヴィヨフの評伝で終わる。

自宅で志賀直哉（左から２人目）らと懇談する田中（中央）

戦前派の知識人の役割

敗戦後の田中にとって、同心会の会員との結びつきには大きな重みがあった。同心会設立時の田中のメモでは「純然たる民間人の発意に依《よ》る、官製でない同志的結合が成立する」ことの重要性や（「〔同心会〕本会設立の目的」）、戦中に「良心的文化人の同志的団結が存在しなかった」ことへの反省（「同心会入会勧誘書原稿断片」『田中耕太郎旧蔵教育関係文書』０９６．２―１２０）の言葉が見られる。戦前に活躍していた自由主義者たちの「同志的結合」に田中は死去するまで連帯していく。

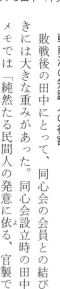

彼らは概して共産主義と厳しく対峙しこれを排斥した点では、若い世代からは旧来の保守主義者の集団と映った。たしかに若い世代の感覚とは隔絶した同心会の主張は、一定範囲で有力ではあっても、論壇の主流にはならなかった。

だがこの同心会の会員の中から、昭和天皇を囲む会のメンバーとして安倍・志賀・谷川、皇太子教育を担う小泉信三、参議院議員となる山本有三、最高裁判所長官に就く田中など、戦後の憲法秩序の運営を直接担う人物が現れる。こうした戦前からの知識人たちが、高揚する政治運動とは別に、政治に対して独立的・自律的に振る舞えるよう憲法上の機関を造形する役割を果たしていく。

天皇制の擁護、昭和天皇への進講

一九四七年五月二七日、侍従たちの発案で、天皇を囲む文化人の会が発足した。同心会の構成員の中からは、安倍、和辻、志賀、谷川、田中らが、事前に宮内府長官や侍従らとの顔合わせを経た後、急遽参内を求められた。彼らは天皇を囲んで、多岐にわたる話題について親しく懇談した。

「文化委員の会」と名付けられたこの会は、「苦難に堪えて平和な国家を建設するため修養に努めたい旨の思し召しにより、広く学識のある人たちから進講を受けるため」につくられた。少なくとも公的に一九五八年までは開催されていたことが、『昭和天皇実録』からうかがえる。

翌一九四八年五月からは、天皇は「理科系有識者」の科学委員として、駒井卓、岡田要、本田正次からの進講も受けるようになる。

天皇も彼らへの信頼を強めていく。のちになるが一九五〇年四月、宮内庁長官田島道治が非公式に皇室について意見を聴取する民間人を選ぶことを考えていると天皇に具申した。「陛下の為、国家皇室のことを本当に考える立場の人がなくなりつゝあ」ることを危惧してのことだった。小泉信三、安倍能成の名を田島が挙げたところ、天皇から、「小説家だけれども志賀も人はいゝねー。それからかそりっくで一寸《ちょっと》排他傾向があるが田中などもいい」という返答があった。天皇が志賀直哉と田中耕太郎に信頼を寄せていたことがうかがえる（「拝謁記」50・4・5）。当時田中は参議院議員を退任し最高裁判所長官となった時期である。

田中は戦時中から天皇制について思索をまとめ始めており、「日本君主制の合理的基礎」を執筆し、一九四五年にこれを補筆し、四六年に公刊する。そこでは、三年会での田中の所論に見られるように、政治体制が不安定であったラテン・アメリカの政治を念頭に、天皇制の存続による安定性の確保という面での天皇制擁護論が展開される。

一九四六年四月三〇日、田中は天皇・皇后ほか皇族一四名を前にカトリックの宗教と思想について進講を行っている。当時田中は文部省学校教育局長であった。田中は、キリスト教史を概説した上で、教会の権威のもとで信仰の統一性を保っているカトリックの意義を説き、返す刀で主観主義に基づく無教会派に代表されるプロテスタントを強く批判した。カトリックの根本をなす自然法は日本・中国などの東洋の道徳と矛盾するものではなく、「東洋や日本の道徳はキリスト教の超自然的立場に引上げられ、内面化され精神化されるに依って完成される」と田中は説いた（「カトリシズム序説」『カトリシズムと現代』）。

この進講で天皇は、ムッソリーニがヴァチカンと条約を結んだ理由、カトリック教が布教に格別熱心な理由について質問している。田中は、天皇の質問が「相当特殊」であり、「関心事は宗教の政治面に存している」と捉え、信仰の内実にまで至らなかったことに若干の違和感を持ったようである。ただカトリックの全体を要約することは難しかったと田中も回顧しており、すれ違いは否めなかった（「愛はすべてに勝つ」）。前日の鈴木大拙による進講と比べると、田中の進講に物足りなさを感じた、と侍従の入江相政もこの日の日記に記している（46・4・30）。

だがこの進講について田中は、当時の部下に「喜色満面で語」ったという（相良惟一・田中二郎「教育行政・教育立法」『人と業績』）。天皇がカトリックに大きな関心を寄せたことに強い自信を得たのである。

進講直後の一九四六年五月、田中は局長から文相に就任し、より間近に天皇と接する機会を得た。

一一月七日、教育改革に関する諸問題について奏上した田中は、天皇から教育問題とは別に平和についての信念を聞いた。「英米における立憲政治、英米人の態度をまことに羨むべきもの」と賞賛した天皇は、「過日名古屋地方を視察した際、向うの兵隊が敗戦国の君主をよく護衛してくれた」と述べた。そして戦争について「極力喰い止めようと努力」したが「甲斐《かい》がなかった」と語った。田中は天皇の「肺腑《はいふ》」からの言葉と受け取った（「愛の人天皇」）。平和を希求する天皇の姿を感じ取った田中は、天皇への敬意を深め、一層の擁護を図るのである。

一九四七年五月に日本国憲法が施行されるが、この時期、戦争責任をめぐって天皇は、国際的にはもちろん、国内でも退位の圧力を受けていた。左翼陣営のみならず、保守政界でものちの首相芦田均、アカデミズムからは東大総長南原繁、司法界では初代最高裁判所長官三淵忠彦らが退位論を主張していた。これらに対して、文化委員の会などの知識人の集まりは、天皇を孤立させず、その在位を支持する集団となる。その発言は天皇退位論への強い牽制となっていく。

2 文部省での一年四ヵ月――新憲法の普遍性への信念

学校教育局長として、文相として

太平洋戦争の敗戦によって教育制度は大きく転換する。制度改革のため、大学人たちが文部省に招聘されるが、田中もその一人だった。

一九四五年九月、東久邇宮稔彦内閣の文相に就任した前田多門から、田中は新設の学校教育局長への就任を打診された。当時の東大教授の社会的地位からすれば、文部省の局長への就任は異例であり、「身内の者がこぞって反対した」(『私の履歴書』)。だが田中はこれを受け入れ、一〇月に着任する。

田中と親しい山崎匡輔が科学教育局長に就き、同心会の会員である関口泰も社会教育局長の就任が内定していた。もっとも、東久邇宮内閣総辞職後、前田は幣原喜重郎内閣のもとで文相を留任したが公職追放となる。一九四六年一月、田中と懇意の安倍能成が後任の文相に就任する。こうした布陣を、「同志的結合の雰囲気の中で働きがいを感じた」と田中は振り返る(「法学」)。

当初、前田、田中、山崎、関口らの間では、大臣、局長といった縦の命令指揮関係に基づくよりは、ほぼ対等な関係で議論を進め、省としての方向性を決めていった。教育改革が本格化する時期、懸案はきわめて多く、大臣、局長、大臣官房の三課長が出席する省議が実質的な意思決定機関となった。

前田文相の娘で当時父の通訳と文書の英訳を担当していた前田〔神谷〕美恵子は、前田、田中、山崎について、次のように見ていた。「田中耕太郎局長と三人そろう時などは談論風発、みな青年のようにいきいきとして、およそ役所らしくない。この人たちがこんなに一生懸命やっていても、なおかつできないことならば、それは、現在ほかのだれがやってもできないことなのではなかろうか」(「文部省日記」45・10・11)。

一九四六年五月、第一次吉田茂内閣が成立すると、文相辞任の意思を固めた安倍の推薦を受け、吉田首相に請われて田中は文相に就任する。安倍のもとで次官となっていた山崎匡輔に田中は留任を求めた。田中は一九四七年一月三一日に文相を辞任するが、局長就任からの一年四ヵ月は教育基本法・教育委員会法の立案に代表されるように、戦後の教育改革の骨格を決める時期だった。田中は教育制度の主たる設計者であった。

ただし、幹部たちの集団による意思決定で省の方針は決まる。田中一人ですべてを決めたわけではない。田中の持ち味は、課題を検討する初期段階で全体の方針を示し、その中でいくつかの項目について、相手が誰であろうと強力に主張を貫徹した点にあった。

しばしば戦後の田中は、特定の政治的立場に偏向した「イデオローグ」と形容される。だがその主たる役割は、主要な制度原理の発案とその普及であり、制度の「デザイナー」と呼ぶ方が適切だろう。行政学の理論から言えば、制度原理としての「ドクトリン」の設計者と表現することができる（牧原出『行政改革と調整のシステム』）。

つまり、新しく導入された制度の原理が、社会に広く共有されて初めてその制度は信頼され、支持される。戦後に刷新された教育制度と司法制度は、田中のような主導的人物が打ち出す制度原理としてのドクトリンとその普及を通じて確立していった。

「教育改革私見」とCIEの改革方針

では、田中はどのように教育改革を進めたのだろうか。

当初改革に着手したのは田中を文部省に招いた前田多門文相だった。連合国側から教育についての具体的な方針がない中、文部省は平時の教育制度へ戻すため、九月一五日に「新日本建設ノ教育方針」を発表した。そこでは平和国家建設、科学的思考力養成と並んで、「国体の護持」が掲げられていた。かつて思想統制の拠点だった教学局はいまだ存置され、文部省そのものは戦中の態勢を引きずっていた。

前田文相が田中と会見し、新設の局長就任を田中に打診したのは、この時期である。一〇月九日、幣原喜重郎内閣が発足し、文相を留任した前田のもとで一〇月一五日に教学局は廃止され、代わって社会教育局が設置されて局長に関口泰が就任する。そして、「敗戦後の学校教育の行き方を一貫的に考える」ために専門教育局と国民教育局を統合した学校教育局が設置され（『有光次郎日記』45・10・11）、田中はその局長となった。学校教育局は、初等教育と大学・専門学校をすべて管轄する巨大な権限を持つ組織だった。

この機構改革は田中の意見が強く反映されたものである。九月の前田との会見で田中は、「教育改革私見」と銘打った独自の文書に基づいて、改革方針を説明していたからである。

教育改革私見は、教育内容と教育制度の二つに分けて方針を記している。教育内容は、偏狭かつ排他的な国家主義、民族主義を是正し、健全な国際主義の思想を育成し、世界平和や人類の福祉への熱意を涵養《かんよう》することを唱えていた。教育制度については、政治からの分離を進め「教育に憲法上司法権に与えられたる独立の地位を保障する取扱を為すこと」を主張し、教学局・国民精神文化研究所を廃止し、文相は「原則として教育界又は学界出身者を以《もっ》てこれに充つること」を訴えていた。

局長就任時の田中独自の主張は、教育勅語の擁護であった。その自然法としての意義を認め、家長的権威が学校教育でも必要だとしていた。田中は学生の個性の発揚と人格の完成を掲げながらも「個性の発揚は個人主義、アナーキズムの弊《へい》に陥らざるように警戒することを要し、人倫の大本、即《すなわ》ち自然法的道徳原理に依る限界を厳守すること」を主張していた。その後、左派の政治勢力、メディア、識者から鋭い批判を浴びる論点である。

なお、教育改革私見に続く前田との「会談メモ」では、教育方針、教学局問題の他に、「N局長の問題」といった省内人事も含まれている。田中は文部省入りする前から深く改革に関わっていた。こうした前田・田中による改革は占領軍からの指示もない段階であり、日本の自主的な改革だった（『田中耕太郎旧蔵教育関係文書』096．212）。

占領改革での教育方針の策定作業は遅れていた。九月二二日に教育改革の拠点となる民間情報教育局（CIE）が設置され、一〇月二二日にようやく最初の改革方針「日本教育制度に対する管理政策」が発せられている。そこで新たに求められた教育内容は、「軍国主義的及極端なる国家主義的イデオロギーの普及を禁止すること」「議会政治、国際平和、個人の権威の思想及集会、言論、信教の自由の如き基本的人権の思想に合致する諸概念の教授及実践の確立を奨励すること」と、田中の教育改革私見とかなり近い内容だった（『資料　教育基本法50年史』）。

教職員適格審査の主導

一〇月三〇日にCIEから、「教員及び教育関係官の調査、除外、認可に関する件」が発せられた。これを通じて、教育界での教員資格審査が具体的に指示され、文部省に教職員適格審査機構の設置が求められた。この段階での教育改革は、未来志向の制度形成ではなく、教育界からの戦争協力者の排除だった。

翌一九四六年五月七日に勅令第二六三号が出され、教職員適格審査を実施する枠組みが整備される。この過程で前田文相は田中に「全力をあげてこれを完遂するよう」求め、田中の強いイニシアティヴのもと学校教育局内で作業が進められた。田中は教職員適格審査を「うまくやるかやらないかが今後の文部省の運命に大きな関係があろう」と述べたという（前出「教育行政・教育立法」）。

この作業には、第一に資格審査委員会の設計があり、第二に審査基準の作成があった。資格審査委員会の設計では、CIEが主導して委員会の構成や審査の経緯の公開といった指示を出した。審査基準については、田中の主導で学校教育局で原案を作成した。

ここでは田中の尽力によって、当初不適格者とされた「十年以上植民地で教育に従事した者」「十年以上陸海軍の文官教授をしていた者」「十年以上外交官だった者」が原案から除去された。他方で田中は、不適格者に「学説を以て大東亜政策、東亜新秩序その他これに類似した政策や、満州事変、支那事変又は今次の戦争に、理念的基礎を与えた者」を入れるよう強硬に論陣を張った（前出『戦後の自叙伝』）。省内の会議では、基準を緩めるよう安倍文相が指示し、田中がこれに反論するという応酬が続き、最後は田中が押し切った。

審査基準は、大東亜政策などに関わる者以外に、次のような者があげられた。独裁主義又はナチ的あるいはファシスト的全体主義を鼓吹した者、人種的理由によって他人を迫害し、又は排斥した者、民族的優越感を鼓吹する目的で神道思想を宣伝した者、自由主義、反軍国主義等の思想を持つ者、又はいずれかの宗教を信ずる者を、その思想又は宗教を理由として迫害し又は排斥した者などである。さらに特筆すべきは、「右の何《いず》れにも当らないが、軍国主義あるいは極端な国家主義を鼓吹した者、又は其の様な傾向に迎合して、教育者としての思想的節操を欠くに至った者」が入ったことである。この「思想的節操を欠く」という項目は、東大教授時代から田中が強く批判する人物類型である（前出「教育行政・教育立法」）。

一九四六年六月から、普通学校の教員については全国の都道府県に教職員適格審査委員会が設置され審査が始まった。大学については大学ごとに審査が行われた。双方とも不服があれば、文部省に設置された中央教職員適格審査委員会が再審査を行った。再審査についてＣＩＥが満足しない場合、さらにＣＩＥ自らが審査を行った。

教職員適格審査の基準は他の公職追放よりも厳格であった。公職追放に該当しないが、教職追放に該当する例も現れた。メディアの注目を集めたのは、東大時代に田中と対立した末弘厳太郎と安井郁が不適格とされたことである。とりわけ末弘については、「思想的節操を欠く」という項目に合致したと判断されたため、田中文相の私情が入ったとも噂された。だが、最終的にＣＩＥも不適格と認めたことで制度上正当化された。

一九四六年九月、文部省の担当部局である大臣官房適格審査室は『審査月報』を発行した。その第一号冒頭で田中文相は、「軍国主義、極端なる国家主義を鼓吹し、又は此の風潮に迎合した教育者が、今日まで審査済約八万中僅々《きんきん》三十八名などと云う結果は我々の常識とあまりに懸隔《かけへだた》っている」とし、「同僚同士が審査する場合に、人情上辛いに相違ないが、国家更生の為めの大手術として、公の心持から私情に打ち克《か》たなければならない」と厳正な審査を呼びかけた（以下『審査月報』は、拓殖大学百年史編集室所蔵の版を用いる）。一〇月頃になると、ＣＩＥも適格者が多すぎる結果に不満を持ち、ＣＩＥを超えてＧＨＱ全体でも問題視するようになった。もっとも田中は一九四七年一月末に文相を辞任しており、さらなる改組と審査は田中の去った文部省に委ねられた。

各適格審査委員会の判断を再審議する中央教職員適格審査委員会について田中は、それが司法機関に近いことを自覚していた。戦前から司法権の独立を守ることを主張していた田中にとって、ここでの判断を公正に保つことは強い関心事だった。田中は、各審査委員長の出席する審査委員長会議の席で「審査が冷厳に行われる事は強い信念がなければならぬ」として「司令部の命令でなくとも」強い信念で臨むべきだと力説している（『審査月報』第二号）。占領下での審査の独立性を保つためには、ＧＨＱの意向にかかわらず厳正な処分が必要だと田中ら文部省は捉えていた。

最終的には、都道府県教職員適格審査会では、一二三万八五二六人の審査を行い、六三〇五人が不適格者とされた。また大学教員適格審査委員会は二万四五七二名を審査し、不適格者は八六名だった。なお、このほか高等専門学校などについては、学校集団教員適格審査委員会が審査を行い、一万七七二八名の審査の結果、七六名が不適格者となり、大学や高等専門学校などの職員については教職員適格審査委員会が二万九九一四名の審査の結果、二一〇名を不適格とした（『教職員の適格審査に関する記録』）。

教育権の独立と大学区制の構想

田中が局長就任時から目指していたのが地方教育行政制度の改革であった。田中によれば、戦前の制度では、教育は地方長官の「官僚的な支配」に服し、この「病弊を除去し、教育行政を一般行政から『分離独立』させることが不可欠であった」（「跋文《ばつぶん》――地方教育行政の独立について」）。その考えの基には、司法権の独立に類比される大学の自治があった。

一九四五年九月、田中は前田文相との会談の中で、教育に「独立の地位を与える」ことを検討すべきとし、「仏国の例を研究すること」と併せて記している。局長就任直後から田中は、フランスやイタリアの「大学区」制度をモデルに検討を始めていた。一九四六年一月には、文部省内の試案として「学区庁（仮称）設置要綱」が策定された。そこでは全国を数個の大学区に分け、学区庁を設置し、その長官には学区内の帝国大学総長をあてるとしていた。もっとも、地方長官・市町村長は公立学校の管理維持権限を持ち、これを学区長官が指揮するとされ、一般行政からの「分離独立」は徹底化されてはいなかった。

他方で、三月にアメリカから教育視察団が来訪することを見込んで、ＧＨＱの指示で日本側教育家委員会が設立され、南原繁東大総長がその委員長に就任した。教育視察団は、この日本側教育家委員会からの報告を受け、三月末に報告書を提出する。日本側教育家委員会は、アメリカ側からの示唆により、すでに「教権確立問題に関する意見」として、文部省及び地方監督庁の監督権を縮小した上で教育委員会を設置するよう提言していた。アメリカ教育視察団も、市民による委員を公選する教育委員会の設置を提言する。ここから、田中が構想した大学区制は教育委員会制度へと転換していく。

教育委員会法は一九四八年七月に公布される。他方で「教権の独立」は教育基本法制定に際しても改革の軸となっていく。

田中文相の日本国憲法への信念

一九四六年五月、衆議院第一党の日本自由党を率いる吉田茂が組閣し、田中が文相に任命された。田中文相のもと、教育改革は二つの流れの中で進んでいく。

一つは、この間帝国議会で検討されていた大日本帝国憲法改正案、つまりのちの日本国憲法についての議会審議である。教育に関する諸項目についての審議に際し、憲法と教育制度との整合性が問われていた。田中文相は波乱を起こさないように答弁を続けた。

田中自身は憲法案の審議を通じて、この新しい憲法への強い支持を固めていく。同心会をはじめ、田中の世代の知識人の多くは、大日本帝国憲法の自由主義的な運用への期待が強く、新しい憲法に懐疑的な姿勢をとったが、田中は自ら答弁を発した姿勢を以後も貫徹し、決然と新しい憲法を擁護し続けた。

二つには、アメリカ教育視察団の報告を受けた改革を進めるため、一九四六年八月に教育刷新委員会が設置され、ここで新しい教育制度の細目の方向性が固められていく。これらを受けつつ、田中文相は、独自の構想を推し進めた。それがのちに詳述する教育基本法の制定である。

まず一点めの新憲法の制定過程についてである。草案要綱に基づいた憲法案は、六月に帝国議会に提出され、衆議院・貴族院で七月から九月にかけて集中審議され、一〇月に可決・成立し一一月に公布された。

この作成過程の当初、幣原喜重郎内閣は田中の岳父松本烝治を大臣に起用し、憲法改正案の作成を進めた。松本案は大日本帝国憲法からの改正を最小限にとどめるものであり、GHQはこれを拒否し、自ら憲法案を日本側に示し、激しい交渉の末、一九四六年三月の憲法改正草案要綱へと至る。この間田中は、松本に積極的な憲法改正を進めるべきだと説いていた。

憲法の制定や改正こそ混乱した社会に方向を示し、国民を沈静安堵せしめる効果をもっているのである。従って改正は、そういう内容をそなえたものでなければならない。つまり従来の弊害の再発生の防止という消極的面ばかりでなく、民主主義と平和主義の理想や国政や国民生活の重要な方面に於けるプログラムを積極的に宣明する必要がある。

（「松本博士と憲法改正」『ジュリスト』第三一七号一九六五年）

このような田中にとって日本国憲法は、「混乱した社会に方向を示」す規範となる。田中は、戦後の混乱期においては大日本帝国憲法からの最小限の改正にとどめるべきだとする松本を「技術家的な自由主義者」と呼んでいる（同前）。ここでこそ、概念法学を基礎に置く「技術家」を超えて、社会の方向性を信念とともに示すべきだというのである。技術に対置された倫理に基づいて、政治の倫理化が必須であり、「政治、経済、教育、文化等のあらゆる生活範域に、道徳の権威を確立する」ことを田中は強く打ち出していった（「政治と倫理」『真理と平和を求めて』）。

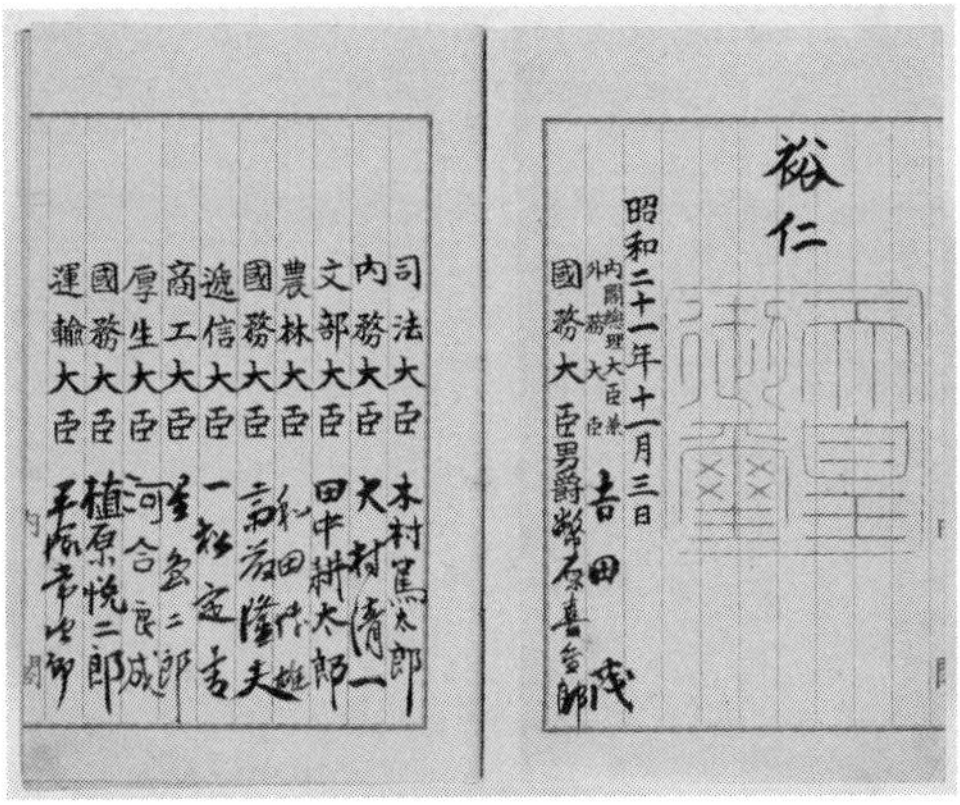

日本国憲法御署名原本　文部大臣田中の署名がある

次に、二点めの新しい憲法に合わせた教育改革の推進である。その眼目こそが教育に関する根本として教育基本法を制定することであった。田中は、この過程で文相として奮闘した。法案のアイディアの基本項目を提出し、省内での検討作業を監督し、CIEと交渉して内閣での審議を促し、議会で発言し、さらには講演や雑誌への寄稿を繰り返したのである。

法案作成作業の中枢には、官房審議室に行政法を専門とする東大法学部教授の田中二郎がいた。終戦直後の一九四五年八月に田中二郎は、文部大臣官房審議室参事事務取扱として教育関係法令の検討に関わり、田中の文相就任後、七月に文部大臣官房事務嘱託となる（前出「教育行政・教育立法」）。田中二郎は、田中から基本方針を受け、行政法の専門的法技術を駆使し法案作成作業を指揮した。これに対して田中は、基本項目を発案し法案を全体として方向付け、強力かつ執拗にそれを主張する年来の劇的な振る舞いによって、改革方針を強烈に印象づけたのである。

3 教育基本法制定、六・三制導入へ

教育勅語の擁護者から憲法の番人へ

教育基本法の制定の中で、田中の存在が際立ったのは、まずは教育勅語の扱いだった。

田中は、戦時中から「教育の根本原則」が教育勅語に明瞭に表されていると主張していた。「国民として、社会人として及び個人として履践《りせん》すべき所の倫理道徳の根本原理」であって、「個人の主観、階級の偏見、社会の推移を超越した永遠の道徳的真理」とする。特に「之ヲ古

今ニ通ジテ謬《あやま》ラズ之ヲ中外ニ施シテ悖《もと》ラズ」という文言にその普遍性が表れており、自然法の発現だと指摘していた（「教育と自然法の思想」『教育と権威』）。

戦後の混乱状況の中で、田中は学校教育局長の立場から、国民道徳を維持するために、倫理的規範が不可欠であると説き、そこで必要なのは自然法だとした。教育勅語は自然法を反映しており、その「道徳的権威」は尊重されるべきだと主張した。教育勅語が無視されたために、無秩序と混乱が生じているというのである（「国民道徳の頽《たい》敗《はい》と其の再建」『文部時報』第八二四号）。

だが、一九四六年一月一日の詔書で、天皇が自らの神格性を否定した「人間宣言」に関連して田中が、「教育勅語の権威を否定するものでは無い」と発言すると、新聞から批判され、田中もこれに応答するという論争を生んだ。議論の応酬を通じて田中は、勅語に「パターナリズムの色彩が濃厚」であること、過去に文部省が服従するよう濫用したことは認めた。その上で天皇の命令であるがゆえに真理とした思想や態度が問題であり、天皇の権威ではなく規範としての内容の価値が重要だとした（「投書　価値の転換」朝日46・3・13）。

一九四六年二月、安倍文相はＣＩＥとの交渉の中で、教育勅語を新しく発することに賛意を得ていた（「文部省日記」46・2・2）。三月、日本側教育家委員会も新しい教育勅語渙《かん》発《ぱつ》を提言していた。アメリカ教育調査団は、教育勅語の廃止そのものには触れず、勅語の奉読廃止を提言するにとどめていた。

そして三月に憲法草案が公表された。新しい憲法と抵触する勅語の廃止が規定され、教育勅語の廃止がほぼ既定となった。これにより、新しく勅語を発する選択肢は封じられた。
五月、官房審議室の田中二郎は、文相に就任した田中に呼ばれて、教育についての根本法を制定するよう指示された。文部省はこの根本法の検討を始めたが、並行して帝国議会で進んだのが、憲法改正審議だった。田中は憲法における教育の規定について繰り返し説明した。そして、思想の一貫性を重視する田中らしく、以後成立した日本国憲法について、強力に擁護する論陣を張る。
憲法が公布されると、失効した教育勅語に代わり、田中は新憲法そのものの自然法的性格を主張するようになる。つまり、田中にとって教育勅語の自然法的性格は、新しい憲法の自然法的性格へと吸収されたのである。その際に田中が着目したのは、教育勅語の失効を実質的に宣言した憲法前文の文言である。田中はこう要約する。

われらは、ここに――というのは、かかる原理、すなわち民主主義の普遍人類的原理に――反する一切の憲法、法令及び詔勅を排除する。

先述したように教育勅語の文言からその普遍的性格を読み取った田中は憲法前文の「普遍人類的原理」を宣明する文言に、やはり普遍的性質としての自然法的性格を見出す（「新憲法の思想的基礎」『善き隣人たれ』）。

より実質的には、前文でいう民主主義的原理、第九条の戦争放棄を通じた平和の希求、基本的人権の保障に、田中は自然法的性質を見出した。さらに重要なのは、従来田中が等閑視してきたトマス・アクイナスの政治哲学の重要な要素である「共通善」を、基本的人権を抑制する「公共の福祉」に見出して、そこに愛と正義の支配があると主張したことである。また田中は、憲法の求める平和への希求を、国際政治の理想を掲げた点から読み取り、憲法が世界社会によって基礎づけられたと見た。『世界法の理論』で先駆的に主張した法の発展が、ここに表れたというのである（「新憲法に於ける普遍人類的原理」『平和の法と哲学』）。

こうして田中は、教育勅語に自然法的性格があるという戦前の価値秩序に即した解釈を超える論理を、日本国憲法に見出した。憲法制定前の田中は、教育勅語の自然法的性格にこだわり、勅語が宣言している国体護持の正統性を唱えていたが、そうした論理はもはやとられない。

さらに田中は、憲法の自然法的性格から、教育基本法をはじめとする個々具体的な法律の正当性を論じていく。文部省での経験は、憲法案審議に田中を巻き込むのみならず、憲法から戦後秩序を俯瞰する視点を田中に与えた。その意味で、田中は憲法の擁護者となっていく。つまり、田中は「憲法の番人」へと変身し始めるのである。

一九五四年、「多数決について」と題した論説で、田中は憲法改正には限界があると指摘し、「民主主義の根本原理」という自然法的性格、「思想や宗教の自由」といった自然法上の権利は改正することはできないと述べる。「多数決による憲法改正の権限には、憲法の上位にあり、憲法が準拠しなければならないところの、自然法による制限が存在している」。自然法を体現するがゆえに、憲法は守られなければならないのである（『現代生活の論理』）。

教育勅語から教育基本法へ

では、どのようにして教育基本法の制定作業は進んだのだろうか。新しい教育勅語を発すべきという雰囲気は、一九四六年八月に発足した教育刷新委員会でも残り、多くの委員から検討すべきと意見が出るほどだった。それに先だって五月に教育根本法の審議を指示したとき、田中も「教育勅語と教育根本法とは、何ら矛盾なく両立し得べきもの」と考え、教育勅語の維持と「教育根本法」の制定とをともに追求していた（前出「教育行政・教育立法」）。

したがって、六月二七日、帝国議会衆議院本会議で、田中は教育勅語と教育の根本法の制定の是非を問われ、教育勅語を廃止してはいないと述べ、「政府と致しましては、教育の重要性に鑑みまして、少くとも学校教育の根本だけでも議会の協賛を経るのが民主的態度と考えまして、目下其の立案の準備に着手して居る次第であります」と答弁している（『第九十回帝国議会衆議院議事速記録第七号』）。

八月には官房審議室が設置され、田中二郎を中心として法案作成作業が開始された。審議室には田中もしばしば訪れ、議論に加わったという。田中二郎は、「基本的には田中先生の考え方に従ってできている」と断言するように、改革方針のアイディアのいくつかが田中の発想に基づく（鈴木英一『教育基本法の成立事情（一）』）。

そして、この局面における田中の発想の基軸が、教育勅語の実質的な廃止への転換であった。教育刷新委員会の場では、九月二〇日に開催された第三回会合で教育基本法の骨子を紹介している。その後、法案審議は第一特別委員会で行われることになり、九月二五日、第二回委員会で、教育勅語を式典に用いる関係法令を廃止するという文部省の方針が了承され、合わせて新たに勅語を発しないことが決議された。教育基本法の条文についての審議はここから始まる。

田中は審議を急いでいたが、理由の一つが教育現場の状況にあった。

学校給食を視察する田中（左）とC・サムスGHQ公衆衛生福祉局長，1946年12月23日

従来の教育勅語に付きまして、第一線の教育者達が取扱いに迷って居る。例えば式の時に読むべきか或は読まなくて宜《よろし》いか、或は読む場合に於てはどういう風な形に於て読むかというようなことに付て、随分疑惑を持っ

て居るようであります。この点に付きまして各地で以て色々問題を起して居る所がある。

（「第三回総会議事速記録」）

一二月末に、法案をとりまとめる文部省調査局により教育基本法要綱案が作成され、翌一九四七年一月七日に前文案が作成された。一月一五日に、初めて完成した法案の形でとりまとめられ、変更を重ねた末に、三月一日に閣議に上程された。法案は一部の修正を経て三月四日に閣議決定され、枢密院での審議を経て二五日に帝国議会に提出、可決され、三一日に公布される。

人格の完成――条文に残された田中の構想

田中は一月三〇日に文相を辞任しているため、一月三〇日までの案が田中が直接検討作業に関わったものである。その影響は、とりわけ前文と、一月一五日案の「政治的又は官僚的支配」からの「独立」、「人格の完成」という条文の文言にある。

教育基本法は、新しい教育の理念を表す「教育憲法」という立法趣旨から、憲法の前文にならい、一般の法律でありながら「前文」を持つ形式をとった。こうした「根本精神をうたうようなものをはっきり打ち出」すというアイディアこそ、田中の発案だった（前出『教育基本法の成立事情（一）』）。

一月七日に初めて作成された前文案は、「教育基本法前文案（大臣訂正の分）」いう表題の括弧部分が示すように、田中が手を加えたものだろうが、特に以下の第一段落は、「人格の完成」という言葉を入れるべきという田中の強い主張が反映されていた。

教育は、真理の尊重と人格の完成とを目標として行わなければならない。しかるに従来、わが国の教育は、やゝもすればこの目標を見失い、卑近なる功利主義に堕し、とくに道徳教育は形式化し、科学的精神は歪曲せられ、かくして教育と教育者とはその固有の権威と自主性とを喪失するに至った。この事態に対処するためには、従来の教育を根本的に刷新しなければならない。

さきに、われらは、憲法を改正し、民主主義的文化国家を建設して以て、世界の平和と人類の福祉とに貢献する理想を実現せんとする決意を示した。この理想の実現は根本において教育の力にまつべきものである。民主主義政治の基礎として、真理と平和と人道とを希求する。〔ママ〕豊かな個性と洗錬せられた情操の人間の育成を期しなければならぬ。かゝる人間は個性と創意とが豊かでなければならぬとともに、秩序と伝統とを重んずるものでなければならない。

われらが、今教育基本法を制定する所以《ゆえん》は、教育の目的と方針とを明示して、新日本教育の基本を確立し、憲法の精神に則《のっと》り、これと関連する諸条項を規定せんとするにある。

（鈴木英一『教育行政』）

このうち第一段落部分は削除され、第二段落部分について以後検討が続けられ、結局一月三〇日案で第一条の冒頭は、「教育は、人格の完成をめざし」となり、それが成案となる。田中が辞任する直前の修正が、田中の意図する文言への変更となっていた。

田中の強調する「人格の完成」は、一九三六年のパリ訪問時に意見交換をしていたカトリックの哲学者ジャック・マリタンの人格概念を基礎にしていた。マリタンは個別性や個人とは異なり、人格は神への信仰を通じて全体性を希求し、それによって完成に至ると捉えていた（『人権と自然法』）。

もっとも法案制定後、文部省が発した訓令では、「人格の完成とは、個人の価値と尊厳との認識に基き、人間のあらゆる能力を、できるかぎり、しかも調和的にせしめることである」と定義している（『教育基本法の解説』）。田中自身、文部省によるこの定義は、自身の見解とは異なると断っている。文言は残ったものの、その構想は修正されていた。

教育権の独立――条文に残る田中の意図

他方、田中の構想は、教育行政に関する条文に直接反映された。文部省調査局の教育基本法要綱案では、以下の文言となっている。

教育は、政治的又は官僚的支配に服することなく、国民に対し独立して責任を負うべきものであること。

これは一月一五日案ではほぼ同旨の「第十一条　教育は、不当な政治的または官僚的支配に服することなく、国民に対し、独立して責任を負うべきものである」となった。しかし、一月三〇日案では、「不当な政治的又は官僚的支配」が「不当な支配」となり、「独立して責任を負う」が「直接に責任を負う」となった。成案では「第十条　教育は、不当な支配に服することなく、国民全体に対し直接に責任を負って行われるべきものである」となった。

田中にとって、「教育権の独立」とは政治的・官僚的支配からの独立であり、それゆえに国民に対して「独立して責任を負う」ことになる。もっとも「官僚的支配」は法律用語としては異例であり、法制局からも指摘を受け、「不当な支配」へと修正される。だが文部省調査局審議課が作成した法令解説も、「政党のほかに、官僚、財閥、組合等の国民全体でない、一部の勢力からの介入を排除する」として田中の意図を汲んだ（前出『教育基本法の解説』）。

また、「独立して責任を負う」が「直接に責任を負う」と変更された。国民に直接責任を負う公選制の教育委員会制度を前提としたからである。法令解説は、この変更にもかかわらず、文言の解釈を支えるものとして、教育刷新委員会総会が採択した文書「教育行政に関すること」から、「教育行政は、なるべく一般地方行政より独立し且つ国民の自治による組織をもって行うこととし」という一文を採録している（前出『教育基本法の解説』）。文部省自体の解釈に「独立」の文言が生かされたように、田中の改革構想の中核にあった教育権の独立は、文相退任後に成立した教育基本法でも指針とされたのである。

六・三制の導入と労働攻勢

一九四八年度の予算編成作業は、この教育基本法制定と並行して進んだ。当時、文部省の最大の課題は、六・三制の導入に加えて、教職員組合との交渉と並行した予算要求だった。

それまでの学制は、初等学校六年の後、高等小学校二年の課程を経る者と、中等学校へ進学する者とに分かれていた。これに代わる新しい六・三制は小学校六年、中学校三年をすべての生徒に適用する。義務教育が延長されるため、生徒数は激増し、教員や施設を補充すれば、新規に膨大な予算を必要とする改革だった。

六・三制への改革はアメリカ教育使節団から勧告されたものであり、CIEもこれを推進するよう強力に文部省に求めていた。文部省に反対の余地は事実上なかった。田中文相は、予算要求の最終段階で覚悟を決め、六・三制実施を決断した。しかし、経費を正確に算出して予算要求する準備もないままであり、大蔵省はこれに強く反発し、閣内で内相、農林相、経済安定本部長官も導入には否定的な姿勢をとった。田中文相は猛然とこれらに反論していたが、予算折衝は行き詰まり始めていた。

　他方で一九四七年一月は、全官公庁の労働組合が二・一ゼネストを掲げて、吉田内閣へ強力に交渉を迫っていた。インフレが昂進《こうしん》する中、組合は最低基本給の引き上げを求めたが、大蔵省はこれを認めなかった。

　主要な教職員組合は文相との直接交渉を求めた。だが田中は、学校教育局長時代に組合との交渉の席で激しく衝突した経験があり、まずは直接交渉を断固拒否した。そもそも文相就任時には、組合の主流で左派色の強い全日本教育組合（全教）は、安倍前文相、山崎次官と並んで田中新文相の公職追放を要求したほどだった。前年一〇月には、省内になだれ込んだ組合員とこれを避けようとする田中の間に警察隊が壁を作って面会を阻むという一件があり、田中の姿勢は批判的に報じられていた。

　もっとも田中は、教員給与の引き上げは文相の重要な責務と捉えていた。全教の後身である全国教員組合（全教組）から右派が分かれて、教職員組合全国連盟が結成されると、直接交渉に応じ、教員給与引き上げについて予算編成の経過を伝える姿勢を示していた。一一月一日にはようやく全教組と文相の直接交渉も始まった。労働攻勢が強まる中、組合の要求をどう処理するかは、文部省と大蔵省との間の予算折衝に際して、大きな懸案となっていた。

　一月三一日、マッカーサーによるスト中止声明で、二月一日に予定されていたゼネストが中止される一方で、吉田首相は内閣改造を断行した。議会審議で社会党の協力を取り付けるために、組合とはより融和的な文相が求められた。混乱した事態を一新するため、吉田首相は、田中を更迭する。

結局、後任の高橋誠一郎文相にCIEが強力に実施を求めたことで、一九四七年四月より六・三制は導入されることになる。

文部省の存続

教員の給与水準の引き上げに尽力した田中は、教員の身分保障を図る立法作業も進めていた。「教員について、司法官等の場合と同じく一般官吏以上の身分の保障を図る必要」から、一九四六年一二月には、教員身分法案要綱案が作成された。本人の意に反する免職・休職・減俸などは教員審査委員会の審査によるものとし、他方で職務能力の著しく劣る教員を排除するための定期審査制度を導入した。また労働三法の適用排除や争議権の否認もそこには含まれていた。

この身分保障の制度は、国家公務員法が成立すると、公務員法制の特別法として一九四八年一二月に教育公務員特例法へと形を変える（高橋寛人『教育公務員特例法制定過程の研究』）。

こうして、田中の学校教育局長・文相時代に、新しい教育制度の基本的な法律の骨格が定められた。田中の尽力によって、省としての存続が危ぶまれた文部省は、存続のための基盤を築いたのである。

そもそも戦前の軍国教育を主導した文部省の廃止論は根強く、アメリカ教育視察団は文部省の権限縮小を提言し、GHQ内部でも文部省の廃止を主張する声が出ていた。日本側の教育刷新委員会も、一九四八年二月に、中央教育委員会が基本事項を審議・決定し、文部省を学芸省へと再編する案を決議する。

政党からも、文部省再編案が次々と提起されていた。日本進歩党は内閣直属の文教本部の設置、日本社会党は内閣直属の中央教育委員会を設け文部省を文化省へと改組、日本共産党は文部省の廃止と最高文化教育会議の設置、民主自由党は文化省案、国民協同党は学芸省案と、政党は文部省をそのまま存置することを想定していなかった。

だが、一九四九年、設置法による新しい省庁組織が発足したとき、文部省は局編成を大幅に変えたものの、従来通り文部省として発足する。

田中二郎は、文部省解体、委員会制度への改組に終始反対しており、大蔵省との交渉で予算を獲得するためには、委員会制度ではなく文部省という省組織が不可欠だと考えていた。「教育権の独立を守るためには、外部の圧力からの独立だけではなく、内閣の中で発言権をもった有力な大臣をもって当てるということでないと駄目なんだ」というのである（前出『教育基本法の成立事情（一）』）。その「有力な大臣」のモデルこそ田中だった。

拠点を要しない田中のリーダーシップ

文部省という組織について、文相就任時に田中は次のように語っている。

教育というものが、政治と根本的には同じ基盤の上に立ちながら、現実には司法権などと同様政治的に超越した地位にあらねばならぬと思う。同時に文部省はいわゆる本省と地方庁といった監督、被監督の位置にあるのではなく、全日本の教育界の利益代表として存在すべきだと思う。（朝日46・5・23）

この発言には田中が教育と政治との関係を意識した上で、文部省をどう位置づけていたかが表れている。一般行政から独立する教育では、教育所管の官庁と教員との間に「官庁的上下関係」は成立しない。それは、裁判所と司法省との関係と同様だというのである。占領終結後、日教組に対抗しながら全国の教育委員会を文部省が統制強化した姿とは、まったく異なるイメージである。

田中はしかるべき場があれば、独立を守るために構想を編み出し、論戦を挑むリーダーシップを発揮できた。その際には特定の拠点は不要だった。田中とは対照的に、拠点を築いて独立を守ろうとしたのが東大総長南原繁である。南原は東大を中心にＣＩＥや文部省などとの間で周到にネットワークを作り上げ、その中で大学の自治を守り抜く。田中は文相退任後、東大に教授として戻ることを期待していたが、果たせなかった。そこには南原総長の意向があったと、田中は周囲にもらしている（横田喜三郎談、相良惟一談『人と業績』）。南原は文相経験者が大学に入る慣習を作りたくなかったのだろうが、彼のネットワークにとって自説を譲らない田中が障害となることも想定したのだろう。

拠点を持たない田中は、しばしば教育と司法とを比較し、「性質は非常に似ているし、超党派性においても同じような性質のもの」と述べている（「田中耕太郎談話」）。いずれの場であれ、田中の強固な信念の吐露と劇的な対決姿勢によって、その発言と行動は繰り返し国会審議の中で取り上げられる。田中は教育・司法を通じ政治から「独立」「超越」してみせながら、政治の渦に絶えず引き戻される存在だった。

4　参議院全国区での当選――緑風会と文教委員長

緑風会の結成と参画

一九四七年一月、吉田首相は文相を辞任する田中に自由党入りを勧めたが、田中は断った（『私の履歴書』）。田中は、日本国憲法によって新設される参議院の選挙が迫る中、田中は立候補を周囲から求められる。文相就任後の一九四六年六月に、勅選による貴族院議員となっていたからであろう。

一九四七年二月二〇日、田中は立候補のための資格申請を提出している。三月二〇日に初めての参議院議員選挙が公示されると、田中は全国区への立候補を届け出た。無所属での立候補だったが、推薦人には安倍能成や小泉信三など同心会の「同志」の他、新たに結成された日本民主党の芦田均や犬養健らが名を連ねていた。民主党から顧問就任の依頼もあったが断った。自由党からも民主党からも不即不離の関係を保ちつつも、どちらにも属さないという田中の政治姿勢がここにも表れている。

田中自筆の選挙ノートには三月一日から日程が記され、二〇日以前に浦和、長岡などの訪問先が記載されているように、公示前から各地を回っていた（「選挙事務」『田中耕太郎関係文書』第二部一（11）12）。

田中の選挙運動には、講義を持った中央大学、カトリック系の上智大学の学生も応援に加わった。松本家を通じてであろうが聖公会にも協力を打診した。全国区での立候補のため、東京近辺のみならず、郷里の佐賀や福岡、奈良、尾道、会津若松などへ遊説に出かけている。ノートに記された連絡先には、東京、横浜、埼玉、函館、山形、仙台、新潟、金沢など北陸、名古屋、大阪、京都、尾道、さらには佐賀、福岡、宮崎、熊本、鹿児島と日本各地について、氏名や団体が記載され、ビラ貼りや宿舎の手配ができるようになっていた。

選挙は四月二〇日に行われ、田中は全国区第六位の得票数で当選した。五月二日に貴族院議員の任期は終了し、三日より新しい参議院議員の任期が始まり、二〇日に第一回国会が召集される。

田中は四月二〇日に同心会以来の「同志」山本有三の当選祝賀会に出席し、既成政党にあきたらない議員による「無所属クラブ」を作る構想を語った。山本は共鳴し、佐藤尚武、佐々弘雄、和田博雄ら官僚出身者に声をかけた。他方、五月一日には、河井弥八を中心に貴族院の中で「保守陣営の結成」を図る動きが浮上した。五月二日、河井は参議院新組織のあり方について山本と話し合った（『河井弥八日記』47・5・2）。ここに田中・山本の「無所属クラブ」構想と、保守系議員の構想とが響きあう。

五月八日に、山本有三による呼びかけで、田中、河井弥八、和田博雄、佐藤尚武に元内務官僚の下条康麿らも加わり、日本倶楽部で打ち合わせた。「純正有志」の会派の結成を急ぎ、政党関係議員を勧誘し、旧貴族院議員ではない議員に発起人に加わるよう呼びかけることを決める。こうして、既成政党とは距離を置く保守系議員の新会派を作る路線が明確となった。

五月一七日に会派の結成式が行われたが入会者は七四名、参議院で最大会派となった。会名は、最終的には投票で「緑風会」に決まる。党首は設けず、運営は幹事によって行うこととし、その幹事を決める委員会に田中らが選任された。結果として幹事には、田中、下条、河井、山本、和田、佐藤が選任される。田中は結成時から幹部の中核であった。

緑風会は参議院独自の会派として、既成の政党に属さない議員の集まりだった。党議拘束をかけず、大臣を出さないこととして出発した。規約・綱領は一九四七年一〇月に正式に決定したが、田中が綱領原案を起草した。そこには、ワイマール・ドイツでの中央党がカトリックの政治哲学を基礎に中道政党となっていたことを念頭に、人類普遍の原理、世界恒久平和、共同福祉の実現といった教育改革での田中の経験を生かした表現が盛り込まれていた。

田中自身は、「家族」や「伝統」の価値を重視する保守主義を強調する内容を主張したが、議論の中でより穏当な表現に変わったという。全六条の綱領のうち、次の四条は特に田中らしさが見えるものである。

新憲法の基調たる人類普遍の原理にのっとり、愛と正義にもとづく政治の実現を期する
国際信義と人類愛を重んじ、世界恒久平和の実現を期する
個人の創意を尊び、自由と秩序の調和による共同福祉の実現を期する
教育を徹底せしめ、道義の高揚と文化の向上普及を期する

(『緑風会十八年史』)

教育改革の仕上げ——文教委員長として

一九四七年五月二〇日に第一国会が召集された。参議院では常任委員会の委員長を議席数に応じて各会派に配分することとなった。緑風会は七委員長ポストを得て、田中は文相経験から文教委員長に就いた。以後最高裁判所長官に就任する一九五〇年三月までの約三年、田中は文教委員長とその後身である文部委員長を務め、委員会審議にあたった。

発足直後の参議院で、田中は政府とも衆議院とも異なる独自の主張のもと、法案や決議案の審議に臨んだ。法学者としての学識と文相経験者だったことから、田中は率先して議員立法の

提出を働きかけている。

たとえば、第一回国会で田中は、民法の改正案について本会議の場で自由党の板谷順助と共同で修正案を提出している。それは、協議上の離婚の届出前に、家事審判所か簡易裁判所の確認を要するといった提案だった。田中は趣旨説明で、協議離婚を広く認めるべきではないという従来の田中の見解を披露した上で、民法学者らによる民法改正案研究会一一名が公表した「民法改正案に対する意見書」(『法律時報』一九四七年八月号)を引きつつ、男性の側からの一方的な離婚を認めないことが女性の権利擁護に資するとして、その修正を求めた(『第一回国会参議院会議録第五十五号』)。参議院はこの修正案を可決したが、衆議院はこの修正に同意せず田中の主張は実現しなかった。

一九四八年の第二回国会で問題となったのは、先述した教育勅語の効力をめぐってであった。これはGHQ民政局国会担当のジャスティン・ウィリアムズが無効宣言の決議をするよう衆参両院の文教委員長に要求したことから、議題となったものである。

田中ら参議院文教委員会は非公式の打合会を三回開催し、最終案を委員長の田中に一任した。並行して五月二六日に田中はウィリアムズと会談し、決議は不要と激しく主張した。だが同席した民政局次長チャールズ・L・ケーディスは無効宣言に固執し「国会が何も行動しなければ、国会〔に〕ディレクチヴをよこす」と述べ(「文教委員会打合控」『田中耕太郎関係文書(東京帝国大学関係)7―104』)、田中の提案を斥けた(ジャスティン・ウィリアムズ『マッカーサーの政治改革』)。

衆議院はGHQの指示どおり無効を決議したが、田中は同じ手法を採らなかった。すでに失効していることを確認する宣言を決議し民政局に了解させたのである。田中が原案を作成した決議文は次のように記されている。

われらは、さきに日本国憲法の人類普遍の原理に則り、教育基本法を制定して、わが国家及びわが民族を中心とする教育の誤りを徹底的に払拭し、真理と平和とを希求する人間を育成する民主主義的教育理念をおごそかに宣明した。その結果として、教育勅語は、軍人に賜《たま》わりたる勅諭《ちょくゆ》、戊申《ぼしん》詔書、青少年学徒に賜わりたる勅語その他の諸詔勅とともに、既に廃止せられその効力を失っている。

しかし教育勅語等が、あるいは従来の如き効力を今日なお保有するかの疑いを懐《いだ》く者あるをおもんばかりわれらはとくに、それらが既に効力を失っている事実を明確にするとともに、政府をして教育勅語その他の諸詔勅の謄本《とうほん》をもれなく回収せしめる。

われらはここに、教育の真の権威の確立と国民道徳の振興のために、全国民が一致して教育基本法の明示する新教育理念の普及徹底に努力を致すべきことを期する。

(『第二回国会参議院会議録第五十一号』)

「教育の真の権威の確立と国民道徳の振興」のために教育基本法の明示する新しい教育理念を普及徹底するとしている。衆議院の無効決議には、日本国憲法と教育基本法への言及がなく、衆議院とはまったく異なる方針を採ることを宣言したのは、田中らしい文案である。

さらに、教育改革を進めた田中は、改革に逆行する保守派の教育勅語再興論とは一線を画すようになっていく。一九四九年に吉田内閣が文教審議会という有識者会議を立ち上げ、「教育勅語に代わるべき」教育要領を作成すると報じられた際に、田中は『毎日新聞』の投書欄に一文を寄せ、教育基本法の制定にあたって合意形成がきわめて困難だったことを指摘した上で、「必要性の有無につき事前に慎重検討」するよう委員に求めた（「教育綱領」毎日49・6・19）。また、六月一六日の参議院文部委員会でも高瀬荘太郎文相に、慎重審議を求めるよう促している（『参議院文部委員会（第五回国会継続）会議録第一号』）。

第二回国会では、七月に教育委員会法が成立し、一二月には第四回国会で教育公務員特例法が成立した。文部省時代に田中が提唱した教育関係の基本的な法律は、参議院では特に修正はなく粛々と審議は進んでいった。

文化財保護法と大学復帰

一九四九年一月二六日、法隆寺金堂壁画が不審火により焼失する。この事件は、文化国家として再出発したはずの戦後日本にとって大きな衝撃だった。田中や山本有三ら参議院文部委員会は調査班をすぐに派遣し、文化財保存について担当の行政官と討議を重ねた。

参議院文部委員会は、保存以外に活用も含めて様々な文化財を守るという意味で、長期にわたり会議を繰り返した末、文化財保存法案を作成し、さらに保存のみならず活用を含めた文化財保護法案をまとめた。法案の骨子は、文化財保護を担う機関として、文化財保護委員会を文部省の外局に設置し、本省とは独立して職務を担い、ここに研究所や博物館を付置するとした。

五月二一日、田中ら一六名の発議で文化財保護法案が国会に提出され、衆議院では審議未了となったが、翌一九五〇年四月に山本ら一八名の発議で再度法案が参議院から提出され、成立する。田中は準備段階で尽力するにとどまったが、文教委員長・文部委員長の任期中に手がけた文教関係法令の中で「いちばん記憶に遺っているのが文化財保護法である」と回顧する(『緑風会十八年史』)。一つの行政機関を新設する全一三〇条の大部の法律であり、議員提出法としては珍しい本格的な法律だった。参議院文部委員会が主導し衆議院を巻き込んだ点でも国会史に残る一件であった。

他方でこの時期、田中は再度大学と関係を持つようになっていた。一九四九年四月一日、新制大学として学習院大学が発足したが、院長兼大学学長の安倍能成からの懇請で、田中は参議院議員と兼任する形で学習院大学教授に就いた。開設記念講演会で田中は「新しき大学の理念」との表題で登壇した。のちに田中は法律学関係の蔵書を学習院大学図書館に寄贈し、それは「田中耕太郎文庫」となっている。

共産主義批判から日本国憲法の「番人」へ

参議院議員時代の一九四九年、田中は共産主義を俎上《そじょう》にあげ、正面から批判する論説を次々と発表していた。

田中は、共産主義の世界観について、階級理論のもと資本主義国家を革命によって倒壊させることを目的としていると見た。共産主義の側はその歴史的必然性は科学によって論証されると主張するが、基礎にある唯物史観は宗教と敵対している。そうした世界観は、宗教と思想信条の自由を基礎とする社会に対して、ファシズムが暴力的な破壊を企てたのと同様、暴力を辞さず破壊しようとしているとする（『共産主義と世界観』）。

参院議員時代，1950年

田中は、共産主義が宗教に否定的な点から徹底的にこれを批判し、対抗しようとした。そこにはソ連が第二次世界大戦前に宗派を問わずキリスト教の教会を弾圧し、それが戦後の東欧の社会主義国にも受け継がれていったことへの強い反発があった。

一連の論説では、社会主義諸国が宗教を抑圧する点を批判し、教会に属するキリスト教牧師が共産党に入党する場合、大学教員となる場合のそれぞれについて、教会の独立、大学の独立が保てないと主張している。一九四九年は、冷戦が激化する中でアメリカ本国で強まったレッド・パージを受けて、日本でも各地で米軍の主導で学校教員のレッド・パージが進み始めたときである。大学ではＣＩＥ高等教育顧問のウォルター・Ｃ・イールズが、共産主義者である教授の大学からの追放を叫んだ新潟大学での講演を皮切りに全国を講演して回り、共産党員の大学教員が、ＧＨＱと保守政界から盛んに攻撃され始めた。田中は、大学自治の下でこの動きを進めるべきだと論じた。

次いで、田中は反共産主義に基づき講和問題では全面講和ではなく、西側諸国との単独講和を優先すべきとしていた。ところが講和論争を経て、田中は復古的な憲法改正論を警戒し始める。

一九四八年一二月、田中も議論に加わった平和問題討議会による「戦争と平和に関する日本の科学者の声明」が発表された。事務局を雑誌『世界』の編集部が担ったため、創刊以来の安倍能成、田中らと、丸山真男、都留重人、清水幾多郎ら若い世代が議論を闘わせていた。

その後、平和問題討議会を母体に平和問題談話会が組織され、一九五〇年に全面講和を掲げて「講和問題についての声明」「三たび平和について」を次々に提出し、東西陣営の平和的共存を支える論理を構築しようとした。

田中は単独講和を主張したためにここから離れるが、丸山らは行きすぎた改革を批判する田中らの世代を巻きこんで、「社会的な制度や考え方の根本的な変革がなければ平和の問題は解決できない」という地点まで承認させようと尽力した。その結果、農地改革について田中は、「革命」という言葉は拒んだが、「ラジカルな変革と言ってもらいたい」とまで話したという（「未発表討論『平和問題談話会』について」『世界　創刊四〇周年記念』一九八五年）。

丸山らの説得は功を奏したと言えるであろう。田中は、共産主義に対抗する中で日本国憲法の「番人」としての役割を自覚的に担っていくからである。先に触れた教育勅語復活論への批判がその一例だが、天皇制と家族観の変化は特筆に値する。

戦中から戦後直後の田中は、天皇制を擁護する際に、日本の国家は歴史的に「族長国家」であり、「宗家と仰ぐ皇室を中心として結合し、自然的に発達した一大家族集団」と規定していた（「日本君主制の合理的基礎」『政治と教育』）。だが日本国憲法が制定されると、この家族観が大きく変わる。

日本国憲法が旧来の家制度を否定し、家督相続制度、長子相続制、男女間の不平等の取り扱いを廃止したことを田中は「当然」だとする。新しい家族のあり方は、「進歩的、開明的、あるいはクリスト教的家庭、または一般に都市生活にならされているものにとっては別段目新しいものではない」。田中は、家族制度復活論を「誤った封建道徳」だと強く批判し、もはや天皇制について「一大家族集団」として擁護はしない。田中は保守主義によりながら、憲法とそれに伴う改革の多くを積極的に受け入れていった（「家族制度について」『現代生活の論理』）。

一九五五年、最高裁判所長官時代の田中は、日本国憲法制定に伴う占領改革を「その実質において革命といってもよい性質のものである。……（中略）……国民は大局において諸改革の結果を現在も享受している」と述べた。かつて丸山真男の説得でも用いるのを拒んだ「革命」という言葉を使い、憲法を擁護し、復古的な憲法改正を真っ向から否定するようになっていたのである（「新憲法と世界観」『法の支配と裁判』）。

元号廃止の国際性

一九五〇年二月一三日、『朝日新聞』は、「『元号廃止、西暦へ』参院文部委で研究中」と題する記事を掲載した。参議院文部委員会が、元号を廃止し、公文書上西暦で一本化する法案を準備しているとの報だった。さらに田中委員長の見解として、元号が残っていることは「天皇主権」が残っているようで「新憲法精神」に反しており、国民の日常生活から西暦一本の方がよいという意見がある、と報じている。

二月一五日、田中は参議院文部委員会の席で「朝日新聞の記者から取材があったことを認め、委員個人として」意見があること、緑風会では議論しているが委員会では問題となっていないこと、「デリケートな問題」であるから記事にしないように話したにもかかわらず、報道されてしまったと報告した（『第七回国会参議院文部委員会会議録第四号』）。

その後、参議院文部委員会は、二月二一日に奥野健一参議院法制局長に現行皇室典範に元号の規定がない意味を確認している。二八日には、多数の専門家を招いて、元号に関する意見を聴取したが、おおむね元号の維持に否定的だった。三月二日の『朝日新聞』社説は元号廃止を唱え、西暦採用に賛成二五％、反対四七％といった世論調査の結果も紹介している。

このように元号廃止問題が注目される中、その中心にいた田中は、二月二八日の閣議決定で最高裁判所長官候補に指名される。

元号廃止問題は田中の国際的視野を印象づけた。それは『世界法の理論』の著者としての田中らしい調査活動だった。総じて参議院時代の田中は、衆議院とは別に参議院独自の法案審議や法案提出にきわめて意欲的だった。緑風会という政党党派からの中立性を目指す会派を担ったからである。田中は文相と参議院文部委員長という立場から、戦後の教育制度に深く影響を刻印したのである。

第6章　闘う最高裁判所長官の十年——判例と司法行政の確立

1　立法権から司法権の長へ——期待された統率力

爪先立ちと背伸び

一九五〇年二月二八日、吉田茂内閣は、参議院議員だった田中の最高裁判所長官への指名を閣議決定した。三月三日、田中は第二代最高裁判所長官に就任する。田中は、一九六〇年一〇月に七〇歳の定年を迎えるまで務める。一〇年を超える在任期間は今なお歴代最長である。

占領終結と吉田内閣から鳩山一郎内閣への政権交代、左右社会党統一と保守合同、日米安全保障条約改定と反対運動による岸信介内閣の退陣という政治が大きくうねる一〇年間、田中は最高裁判所を本格的に主導する長官となった。戦後の憲法秩序と政治状況の中で、制度として定着させる役割を担ったのである。だが、その過程はきわめて困難な道のりだった。退任後、田中は次のように長官時代を回顧した。

田中耕太郎氏指名
二日午後に親任式
最高裁判所長官
司法権の独立守る
抱負を語る
長官を受諾した田中博士

田中の最高裁長官指名を伝える報道，『読売新聞』（1950年3月1日）

諸先進国の首席裁判官（チーフ・ジャスティス）が裁判だけに専念していれば足るのとちがって、つねに裁判所対政府および対社会の関係を念頭において行動しなければならない。日本では裁判所の権威は十分強くなく、その地位は決して高いとはいえない。私は政府や世間に対してつねに背伸びし、爪先で立ってきたようなものである。もうこれ以上根気が続かない。

（『私の履歴書』）

この言葉は、田中の退任から一〇年以上すぎた一九七三年、第五代最高裁判所長官石田和外の退任挨拶で次のように再び取り上げられた。「本当の裁判所の姿というものは国民の方々の間にまだ生きておらない、そのために制度上は同等でありましても、なんとなく裁判所にいるものが、自分で背伸びをして見せないと同じに評価されないというふうな憾《うら》みなしとしない」（『裁判所時報』第六一八号）。

田中の長官時代には「法秩序の危殆《きたい》」が問題とされ、石田の長官時代には「司法の危機」が叫ばれた。内閣や国会とは異なり、最高裁判所は制度として安定するのに長大な年月を要することになる。行政権と立法権は、毎年度の予算編成と議会での審議を経ることで比較的早期に制度の輪郭が定まる。だが日本国憲法下の司法権は、一審から最終審を経て判決が確定するまでに重大事件であれば一〇年程度はかかる。長大な年月をかけて重要判例が蓄積され、ようやく制度が固まるのである。

田中指名の背景——多難の最高裁判所の行政的統率

初代長官の三淵忠彦の後任を選任するにあたって、当初吉田首相が念頭に置いたのは、田中の親族でもある慶應義塾長の小泉信三だった。小泉のもとを田中は二度訪れて受諾するよう説得していた。小泉が固辞すると、大蔵省出身の殖田俊吉法務総裁、財界出身の田島道治宮内庁長官など数々の名前があがるが、吉田首相には法律家に長官を打診する発想がなかった。つまり、吉田にとって最高裁判所とは政治機関だった。

もっとも最終的には候補は裁判官や法律家に絞られ、田中以外では最高裁判所裁判官だった真野毅、穂積重遠の名が有力候補として報道されている。ただし、「多難の最高裁の行政的統率として果して適格かどうかが懸念され」たように（毎日50・2・28）、当時最高裁判所は、内紛もあり外部からの厳しい介入にさらされていた。その長官は、単なる名誉職ではなく、法解

記者の前でピアノを弾く田中，1950年3月1日

釈一筋の専門家でも不適任で、行政的統率力が必要だった。他の候補者とは異なり、文相、参議院文教委員長などを歴任した田中には、この統率力が期待されていた。

田中は三月一日の長官指名時の新聞記者会見で、「民主的で自由な議員生活の空気に後髪をひかれる思いでもある」（朝日50・3・1）と述べた。夜、帰宅した田中を目の前にした記者は、次のように記している。

> 和服姿になってはじめてほっとした面持で書斎に姿を現わす——一隅に古いピアノが置いてある。氏はひきつけられるようにピアノの前に座る、骨ばった指がけん盤を走る——わき出る強いフォルテッシモ、この日の氏の決意を暗示するようなベートーヴェンのソナタ〝激情〟である。
>
> （毎日50・3・1）

このとき田中が弾いたのは、おおむね静かな緩徐楽章《かんじょがくしょう》のソナタ第二三番「熱情」の第二楽章だったと思われるが、記事は田中の「激情」と捉え大げさに報じている。こうしたメディアとの関係は、田中の長官時代、つねにつきまとうこととなる。

最高裁判所とは何か

そもそも最高裁判所とはどのような組織なのだろうか。

新憲法とともに、一九四七年一〇月一日に第一法廷が開廷し発足した最高裁判所は、戦前の最上級審の大審院とはまったく異なる「新設」の裁判所だった。まず「最高」裁判所として、大審院に係属していた上告事件を東京高等裁判所に移し、それよりも上位に立つ裁判所とされた。制度上高くない大審院の地位を超える機関となったからである。

最高裁判所の特徴は次の四つの点にある。

第一に、権限、財源、人事について独自性が保障された。つまり、「司法行政」と呼ばれる規則制定権、予算編成権、裁判官人事権を最高裁判所が掌握した。

戦前は、司法相が司法行政の監督権を持ち、大審院は裁判業務と院内の職員への監督権を持ったに過ぎず、下級裁判所の職員への監督権はなかった。大審院を頂点とする裁判所は、制度としては司法省の下に置かれた。戦後の新制度では、司法省から裁判所を分離し、その頂点に最高裁判所が位置した。司法の独立性がより徹底して図られたのである。

第二に、違憲立法審査権を付与され、立法府・行政府への強い統制権を獲得した。また最高裁判所を頂点として司法権の一元化が図られた。

第三に、下級裁判所の裁判官の新任・再任は、最高裁判所が示す名簿を内閣が承認する手続とした。これを円滑に行うことで裁判官の人事システムが定着していく。なお、最高裁判所裁判官は内閣の任命とされ、大審院の裁判官が四〇名以上だったのに対し、定数は一五名に制限された。

第四に、予算編成権について、内閣が編成する予算案に同意できない場合、独自に国会に予算案を提出する権限を与えられた。とはいえ、内閣が国会の多数党を基盤とする以上、裁判所独自の予算案が国会とりわけ衆議院で可決される見込みは薄かった。最高裁判所は、予算編成に際して大蔵省だけでなく、与党への根回しを入念に行い、予算の獲得に努めるようになる。

こうして、戦前と比べて格段に司法権の独立は強化された。だがその運用はすべて裁判官たちにとって新しい試みだった。

では、制度に結実した司法権の独立とはどのようなものだったのだろうか。

一つには最高裁判所を最上位とする司法権のみが裁判権を持つことである。行政裁判所のように行政機関が裁判権を持つことはできない。だからこそ、司法権は他の国家機関や、これに介入しようとする社会上の諸団体から独立していなければならない。

二つには、こうした司法権のもとで裁判官が独立することである。自らの良心に従い、任官・免官・転官を強制されることはなく、独立して職務を果たすのである。

司法権の独立は、裁判があらゆる勢力から独立を保つことによって支えられる。裁判官のほとんどがここに傾注し法廷に臨む。さらに、裁判官の独立を制度として守るために、人事や予算・法制で不当に外から介入されないよう、「司法行政」を構築することも必要となる。

戦前、裁判官にはこの司法行政の経験がほとんどなかった。裁判業務にとどまり、司法省で行政関連の執務に携わることがなかったからである。裁判官としての振る舞いと、司法行政での振る舞いとは大きく異なる。新しく手にした司法行政をどう担うかは、戦後長らく裁判官たちの課題となる。

司法権を揺るがす政治

だが、新憲法のもと発足した最高裁判所は、設置直後から政治の渦中に投げ込まれた。政治からの要求と介入を突きつけられる中で独立を模索する。具体的には以下の三つの状況に司法権は直面していた。

第一に最高裁判所裁判官を含め裁判官の選任過程が、裁判官の派閥対立の中で大きく動揺したこと、第二に次々と政治的色彩の強い案件が持ち込まれたこと、第三に裁判所に持ち込まれる案件数が増大したことである。

第一については、一九四六年四月に裁判官任命諮問委員会が設置され、委員会は三〇名の最高裁判所裁判官候補者を決定し首相に答申書を提出するが、このとき裁判官の中で、前大審院長の細野長良を中心とする司法権独立の徹底化を図る集団と、司法省への融和姿勢をとる集団とが激しく対立したことである。結局、後者が裁判所を掌握するが、その後も細野派対反細野派の派閥対立は尾を引いた。

第二については、まず一九四七年一一月、平野力三農相の罷免が皮切りである。平野は社会党内対立によって罷免された上、翌一九四八年一月公職追放に指定されるが、片山哲首相を相手どり行政処分の執行停止仮処分を東京地方裁判所に申請した。東京地裁は平野の申請を認めた仮処分を決定したが、最高裁判所は、結局ＧＨＱの指示を受け入れ、この一件について裁判権そのものがないとし、仮処分を停止することになる。

また、一九四八年五月には参議院司法委員会が国政調査権に基づいて「裁判官の刑事事件不当処理等に関する調査」を開始し、確定判決の出ていない五事件について関係者の証人喚問を含む調査を行った。翌年三月の調査結果は、裁判所の事実認定は不当で量刑も軽いという内容だった。これに対して五月に最高裁判所は、「下級裁判所がした事実認定、証拠調及び量刑の当否を判断する権限は、専ら上級裁判所に属する」、「他の国家機関は決してこの権限を冒してはならない」と参議院議長に申し入れ、全面対決の姿勢をとる（『裁判所時報』号外49・5・20）。なお、この参議院側の調査については、衆議院法務委員会も裁判官訴追委員会も批判的で、ここまで踏み込んだ国会による裁判への調査はその後控えられる。

さらに、一九四九年七月から八月にかけて、大規模な人員整理の対象となった国鉄を舞台に、国鉄総裁の轢死《れきし》事件である下山事件、無人列車が暴走した三鷹事件、意図的な列車の転覆事故である松川事件が起こり、三鷹事件・松川事件では労働組合・共産党との関係を問われた被告人の裁判が始まる。特に松川事件は冤罪との疑惑の中、審理が進んでいく。

第三については、滞留案件数の増大が問題となった。内閣・国会はこれを機に裁判所改革を企図し、司法に介入しようとしていた。なお、最高裁判所での滞留件数は一九四九年に一八六八件、五〇年に三九二四件、五一年に七四七七件に達していた。

司法権の独立を守るには、こうした政治からの要求と介入に対応しなければならなかった。内閣や国会の要求への対処能力や予算獲得への折衝能力は、裁判業務を通じて養うことはできない。当時の有力な裁判官は、ほぼ共通して裁判官が事務総局で司法行政の経験を持つことを重要だと考えた。その経験が、占領改革の中で新しい裁判所に関する法令を作成し、内外の動揺を鎮めるためには必要だと見ていた。少なくとも発足直後の混乱から安定へと裁判所を導くには、司法行政を得意とする裁判官が一定数の厚みで必要だった。やがてこれは特定の裁判官が司法行政の経験を多く積む「事務総局支配」となったと批判されることになる。

田中が長官となった一〇年間は、こうした能力を備えた裁判官を事務総局で総動員し、司法行政の確立を目指した一〇年でもあった。

誤判事件とGHQとの交渉

一九五〇年三月に長官に就任した田中がまず直面したのは、「誤判事件」の処理である。

前年七月にかつて大審院長を務めた霜山精一ら第二小法廷の裁判官四名の下した判決が、刑事訴訟法の規定を誤って適用していたことが判明し、国会の裁判官訴追委員会は関係者からの証言を得た上で、訴追を行わないと決定し裁判所の判断に委ねた。裁判官会議は、霜山ら担当裁判官らの自発的な態度決定を求め、懲戒手続をとらないこととした。だが四人は態度を硬化させて辞職を拒否したのである。

議論は紛糾し裁判官の間で感情がこじれ、手の施しようがない中で、田中は関係者からの意見を聴取し、辞職論と辞職不要論との間をとって、裁判官分限法に基づき懲戒手続に付し、過料一万円とする結論でとりまとめた。田中は、より軽い処分を採るべきとの考えから、「戒告に処するを相当とする」という少数意見を最終案に付したが、「きわめて気持のよくない政治的解決であった」と振り返る（『私の履歴書』）。

課題山積の中、田中は長官就任当初しばらくは小法廷での審理に関わったが、その後は大法廷のみの出廷にとどめた。重大事件を扱う大法廷では田中が裁判長を務めるが、その他の事件は小法廷の裁判官に委ねた。それは司法行政に精力を傾けるためだった。

占領下、司法行政の重要な業務はGHQとの交渉だった。就任直後の一九五〇年三月一七日、田中は、就任の挨拶のためマッカーサー総司令官と会見している。

すでに三淵前長官からマッカーサーは司法権の独立について理解があると田中は聞かされていた。マッカーサーは「最高裁判所が民主主義の普及徹底について啓蒙的役割を演ずる必要を説」き、陪審制を日本で実施することは可能か尋ねたという。また新しい司法制度について「民衆がどう思っているか」についても質問した（「マックアーサー元帥と裁判所」『法曹』第二八号）。

マッカーサーの司法への関心は、その回顧録の中にも見られる。そこでは、日本国憲法の制定による変化の一例として、「裁判所を司法省から独立させることによって日本の旧政体のもっていた大きい弊害の一つが取除かれることとなった」と記している（『マッカーサー回想記』下巻）。

もっともGHQの指示は、裁判所の支援より裁判の内容に及ぶことが多かった。平野事件のような政治案件のみならず、各地の地方裁判所が扱う事件に対して、GHQから指示が出る場合もあった。

一九五〇年六月からは、レッド・パージに関するマッカーサーの日本政府への書簡が次々と発せられた。共産党中央委員の追放、『アカハタ』編集責任者らの追放、『アカハタ』の無期限発行停止などが指示された。こうした報道機関へのレッド・パージについて、田中は民政局長ホイットニーと、裁判の進め方について意見交換を図っている。

一九五〇年八月七日、田中はホイットニーとこの件で会談した。田中は、マッカーサー書簡

米国の司法制度の視察を終え帰国した最高裁判事たち，1950年11月18日　左から田中，真野毅，穂積重遠

が法的根拠となり、解雇された側を救済しないことの確認を求め、ホイットニーはマッカーサー書簡が法的根拠となるかを論じずに、裁判所は政治的権限を行使すべきだと応じている（明神勲『戦後史の汚点レッド・パージ』）。これが慎重な言い回しか、高圧的な指示だったかは判然としないが、その後最高裁判所は、マッカーサー書簡の指示による解雇は法律上有効という判決を固めていく。

九月から一一月にかけて、田中ら最高裁判所の裁判官たちは、マッカーサーの強い勧めにより、アメリカの司法制度を視察した。田中は一九五三年に再び渡米し、ラテン・アメリカ諸国にも訪問して最高裁判所間の交流を深めた。

国内でも、田中は長官公邸に在外公館の大使らをしばしば招き、裁判官の国際交流を促した。戦後の新しい裁判制度に合わせて、海外の裁判業務の視察や、諸外国の最高裁判所との儀礼的関係も、最高裁判所長官にとって新たな重要任務だった。田中はその後も海外訪問を続け、日本の最高裁判所を国際的に認知させようとした。一九五六年一月から三月にかけてインド、ドミニカ、イタリア、フランスに国賓として招かれ、他のヨーロッパ諸国とアメリカも訪問している。一九五七年一二月には、ブラジル、メキシコなど南米の司法制度を視察した。

2　反共産主義、反復古主義

レッド・パージと朝鮮戦争――共産主義批判

参議院議員時代より、カトリックの立場から共産主義を強く批判していた田中は、最高裁判所長官に就任後もその姿勢をまったく変えなかった。ただ、司法権を担う最高裁判所長官としての発言や振る舞いが念頭に置くのは、共産主義だけではなく復古主義でもあった。

田中の発言が最初に政治的問題となったのは、国連軍への参加是非についてである。一九五〇年七月、田中は国連加盟後、国連軍への参加を求められた場合「別途研究する必要がある」と発言する。これが朝鮮戦争への参加は可能と述べたと受け取られ、新聞紙上で批判を浴びた（朝日50・7・27）。

さらにその釈明をする中、田中はレッド・パージへの対処と合わせて次のように述べた。

共産党の追放問題は党としてとりあげるのではなく、思想問題としてとりあげたい。マルクス主義が日本の憲法と相容れないということであって、党が対象ではない。これについて立法、司法、行政とも一体となって新憲法を守らなければならない。従って、追放には相当大きな幅があるわけだ。……（中略）……警察予備隊に関連して憲法の改正を一部でうんぬんするむきもあるが、軽々に口にすべきではない。これは国連に加入が許されて国際義勇軍に参加するような場合にはじめて問題になるかも知れないが、それはその場合に取上げるべきである。しかし現在の憲法でも国連に協力する意味での国連警察軍に加入することは可能であると思う。（朝日50・8・6）

田中は、マルクス主義は憲法と相容れないことを強調し、「国連警察軍」に加入することができると自説を展開した。時のGHQとアメリカの政策に沿った発言である。

田中の共産主義批判が激しさを増したのは、サンフランシスコ講和条約を締結し、独立を果たす一九五一年から五二年にかけてである。田中が熱をこめたのは、『裁判所時報』一月一日号に毎年掲載される「年頭の辞」「新年の詞」などと題された長官名での一文である。これは裁判官会議を通すものではなく、長官個人の国民へのメッセージだった。その感情があふれた頂点は、一九五二年の「新年の詞」だった。

ヒトラー、ムッソリーニ、東条の、軍国主義的極端な国家主義的禍害は取り除かれたが、似而非《えせ》哲学偽科学によって粉飾されたところの、権力主義と独裁主義と、その結果である人間の奴隷化においてナチズムやファシズムに勝るとも劣らない赤色インペリアリズムは、その発祥の領域を越えて、世界制覇の野望を露骨にあらわし始めた。世界人類社会の危機が、これより重大深刻であった時代は、過去において存在しなかったのである。……（中略）……わがインテリゲンチアの平和論や全面講和論くらい、その真理への不忠実と倫理的無確信を暴露しているものはない。彼等の中のある者は、真理とか平和とかの抽象的な言辞によって自己の主張を粉飾する。もし彼等が真に真理と平和に忠実ならば、共産主義者でない限り平和条約や安全保障条約に批判を加える前に、それ以上の熱意をもってまず共産主義の理念及びこれを奉ずる国々の現実に批判を向けなければならぬはずである。……（中略）……われわれがかつて、軍国主義や極端な国家主義の理念に払った犠牲、注入したエネルギーは、こんご全部をあげて新憲法と国際連合の理念である世界平和に捧げなければならない。これによって初めて、日本は世界史の発展に創造的に参与し得る。

（『裁判所時報』第九七号）

この「新年の詞」は、はっきりと「赤色インペリアリズム」と共産主義を批判し、これと闘う田中の強烈な意思を多くの人が感じ取った。その後の田中の振る舞いの評価軸は、この言葉が基準となったといえる。

この年の「新年の詞」は『裁判所時報』のほぼ一頁全体を占める分量で、他の年と比べて膨大で、田中の意気込みが表れている。折しも共産党が第五回全国協議会で武装化の具体的な戦術方針を決定した時期にあたっていた。

逆コースに対して——戦前回帰への批判

ところが、田中は翌一九五三年以降、マルクス主義・共産主義を直接的・具体的に批判しなくなる。一九五三年は「年頭の辞」で「偏狭固陋《ころう》なナショナリズムへの逆行をとくに警戒しなければならない」という復古的なナショナリズムに対抗する姿勢を打ち出している（『裁判所時報』第一二二号）。

サンフランシスコ講和条約による独立後、国会・政党は裁判所への介入を強めた。一九五四年には裁判の場で「暴力的」な闘争が減り、共産主義を相手取ってことさらに対決姿勢を露わにする必要がなくなっていた。一九五五年七月には共産党も第六回全国協議会（六全協）で武装闘争方針を放棄した。

そうなると、最高裁判所は、国会で多数を占める政党からの「独立」を最重要とみなすようになる。田中は、占領終結後の「逆コース」の改革が次々と提起されている状況を見て、「新憲法の番人であり、正義と秩序の維持者である裁判官の現下の使命と責任とはとくに重大である」と主張し、だからこそ司法権を揺るがす改革を進めてはならないと、強調していた。

もし独立後において終戦後の諸改革が再検討される場合に、司法制度が戦前の状態に逆戻りするようなこととあってはゆゆしき大事である。かような場合に新憲法の民主政治の基本理念と同様に、その支柱である民主的な司法制度も亦《また》守り抜かなければならぬのである。

同時に我々裁判所関係者としては、独立を機会に新憲法下における司法制度の適正な運用について一層の努力を致し、以《もっ》て国民の期待に副《そ》わなければならない。……（中略）……我々裁判所関係者は世間の俗論に動かされ又はこれに迎合すべきでないこと当然であるが、しかし事務処理の方針に関して外部からの正しい批判に虚心坦懐に耳を貸し、改むべきところがあるなら改めるに吝《やぶさ》かであってはならない。しからざる限り独善の誹《そし》りを免れ得ないであろう。

（「独立と裁判所の任務」『法曹』第三五号）

田中は、国会や政府から投げかけられる戦前へ回帰しようとする改革に対抗し、「国民の期待」に応えて、「法廷の秩序の維持と事件処理の一層の能率化」という改革が不可欠だと捉えるようになっていた。

先に触れたように、裁判所に滞留する案件が激増する中で、弁護士会は最高裁判所改革を唱え、国会もこれを取り上げ、政党が最高裁判所を変えようとする介入の動きが強まっていた。次第に司法権の独立は、「法廷闘争」からの独立ではなく、国会・政党の介入からの独立の問題となっていく。

3　政治からの介入――機構改革をめぐる国会招致

滞留件数の増加問題――「ビジネス」論とそれへの批判

裁判所の滞留件数の増加は、田中が最高裁判所長官に就任したときからすでに問題視されていた。一九五〇年八月一日、訴訟の能率化を目的に、「裁判手続の運用に関する協議会」が設立された。協議会が一〇月一八日に報告書を提出したところ、同日マッカーサーから「民事及び刑事裁判権の行使」に関する覚書が発せられ、「裁判所の審理の促進について直ちに措置を講ずべきこと」が指令された。

二週間後の一〇月末、最高裁判所は、準備手続の励行、日程表の作成など、当面とるべき対策について下級裁判所に向けて通達を発した。またマッカーサーの指令を背景に、より強力な手段として法改正に着手し、裁判官の間で職務代行によって裁判に協力することを可能とする方向で、裁判法、民事訴訟法、刑事訴訟法の改正を進めた。一一月には改正案が国会に提出され、一二月には国会を通過する。

この間アメリカの裁判所を視察した田中は、帰国後、訴訟の処理を迅速にする際、「訴訟にビジネスの方面がある」と強調するようになる（「訓示」『裁判所時報』第七二号）。田中は、「ビジネス」という言葉を、「事務的な方法（businesslike methods）」とも和訳している（「訴訟促進の論理」『法の支配と裁判』）。アメリカの裁判について田中は、「審理は事務的精神を以ててきぱきと行われる。交通事故に因《よ》る損害賠償事件の審理のごとき、道路の図を描いた黒板上に玩具用の自動車が吸い着くようになっており、それを動かして実地検証の時間と費用とを節約する」と記している（『アメリカ紀行』）。そこに田中は、能率化された法廷を見出していた。

だが訴訟の能率化は、現場の裁判官から歓迎されたわけではない。裁判官の間では長官の指示を受けて裁判を簡略化すること自体に抵抗があった。田中の調査官となった裁判官の三淵乾太郎は、「『訴訟促進の論理』のごときに、私は、必ずしも共鳴できないし、何よりも、裁判官に対する思いやりが欠けているように思われる。……（中略）……事実の認定のむずかしさ、認定した事実を証拠に照らして文字に表現することのむずかしさを、ご存知なかったためと私は理解している」と全面的に批判している（「ハーグの田中先生」『人と業績』）。

司法部内の雰囲気に気づいた田中は、裁判至上主義を「裁判芸術論」と呼んで批判した。

> これは裁判を芸術のように観念する傾向であり、戦前裁判所が今日よりはるかに暇だった時代に広まっていたものです。裁判というものは裁判官の人格の発露としてなされるもので、裁判は訴訟関係者を心から悦服させるようなものでなければならない、あるいは裁判官自身がほんとうに自分の全身全霊をその中に没頭してするような、つまり芸術的、創

造的の仕事であるというわけです。この理由からすれば裁判は促進とは相いれないものだというところになるのです。

（「最高裁20年の歩みと三代長官の抱負（上）」『ジュリスト』第三八五号）

最高裁判所の方策でも、問題は一向に解決せず、部外から最高裁判所に対して機構改革を突きつける口実となる。一九五三年一月に、日本弁護士連合会が「裁判所法等の一部改正に関する意見書」を発表した。七〇〇〇件もの事件が最高裁判所に滞留していることを人権侵害と捉えたのである。翌二月には、法相は法制審議会にこの問題を諮問した。法制審議会は、司法制度部会を設置し、この問題について議論する方針を採った。

こうした動きに呼応し、最高裁判所は独自の検討作業を進め、一九五四年九月に機構改革の意見を発表した。そこでは、裁判官減員、上訴制限、法令違反の案件を審理する上告事件を扱う裁判機関の設置などを提言していた。

衆議院法務委員会による機構改革案

事態が複雑化したのは、衆議院法務委員会が独自の審議を進めたことである。検討結果は最高裁判所の機構改革意見発表直後の一九五四年一〇月に、「違憲訴訟・上訴制度に関する衆議院法務委員会小委員会機構改革要綱試案」として発表される。その内容は、裁判官増員、大法廷増設、法令違背を上告範囲に認めるもので、最高裁判所案と真っ向から対立するものだった。衆議院法務委員会の案は、最高裁判所を政治化させる効果をはらんでいた。特に、裁判官増員となった場合、政治的任用の性格の強い最高裁判所裁判官が大量に任命される可能性があった。

機構改革の問題は、法制審議会の関係部会の代表からなる上訴制度に関する合同小委員会で精力的に審議された。焦点は裁判官増員と上訴範囲の拡張に積極的な弁護士会と、裁判官減員と上訴範囲の制限を主張する最高裁判所との対立だった。両者の意見を踏まえて、一九五六年三月一二日に合同小委員会は、上告制度改正に関する案をとりまとめた。

この特徴は、最高裁判所長官と裁判官八名が大法廷を構成し、三〇名を上限とする小法廷裁判官が構成する小法廷を同じく最高裁判所に置く増員論をとったことである（『司法制度部会第十一回会議議事速記録』）。五月には法制審議会の答申が決定され、翌一九五七年三月に政府案として裁判所法改正案が国会に提出された。最高裁判所内に、大法廷の裁判官と、上訴を担当する小法廷の裁判官という二通りの裁判官が置かれることになる。最高裁判所裁判官に上下が設けられることは裁判所の権威を落とすとして、最高裁判所は反対しつつも、長期にわたる法制審議会の検討を踏まえ、政府案に一応の了解を与えた。

最高裁判所の強硬姿勢

だが、衆議院法務委員会では、自民党も社会党も政府案のさらなる修正に強くこだわった。一九五七年四月一九日、自社両党は一致して、政府案を共同修正することで合意をみた。その骨子は、上告範囲を法令違反に広げた上で、最高裁判所裁判官を三〇名ほどに増員し、天皇の認証によって任命されるものとした。社会党案ではその中から大法廷裁判官を選任するとし、自民党案では大法廷は裁判官全員で構成するとしており、細部は未調整であった（朝日、読売57・4・20）。これは、最高裁判所裁判官増員そのものであり、最高裁判所事務総局と法務省はそれぞれ強硬な反対意見を表明した。

四月二四日には衆議院法務委員会の与野党委員一三名と、真野毅、小林俊三、小谷勝重、入江俊郎、池田克、垂水克己の最高裁判所裁判官、五鬼上堅磐事務総長、法務省幹部による懇談が行われた（朝日、読売57・4・25）。

衆議院の委員によれば、「どうも、最高裁判所の判事の皆さんの御意見では、自分たちのものさしが正しいのだという御意見ですが、もう少し、長官として、立法府でこういうことが問題になっているところにも虚心に耳を傾けていただきませんと、いつまでたっても、きのうのお話でも平行論ですから、その平行論の上に、裁判というものの性質は慎重審議を要するのだ、立法府のようなものじゃないという、まるで自分たちが一段上のような発言をする判事まで出てくるのです」といった模様で、到底合意を得られる雰囲気ではなかった（志賀義雄委員発言

『第二十六回国会衆議院法務委員会議録第二十九号』)。

新聞は、裁判所内は「増員論は絶対反対」と報じ、「不当な判決を出すならば、裁判官会議でその非を追及する声明を出し、あるいは憲法裁判にかけて違憲判決を出すことも辞せず」(読売夕刊57・4・28)という状況と指摘していた。これまでの判例では、法律そのものへの憲法判断を行わないこととしていたが、それを覆す覚悟である。国会審議の中でも最高裁判所内で強硬意見があるようだとして、この記事が紹介された。

田中長官の国会招致

四月二五日、衆議院法務委員会の要求を受け、田中長官が委員会に出席した上で質問に答えた。現職の最高裁判所長官本人の国会審議への出席は現在に至るまで唯一であり、委員から次々と批判的な質問を長官が浴びせられたのは異例の事態だった。

田中は、最高裁判所の裁判官を増員すると、合議での意見の集約に長大な時間を要する点に力点を置いた。訴訟促進のためには判事数を減らした方が適切というのである。政府提出法案については、田中は一応は賛成だが、実質は最高裁判所本来の案がよいと、あらためて表明した。

翌四月二六日に三田村武夫法務委員会委員長は、中村梅吉法相と会見し、政府案の撤回または自らによる修正を申し入れ、これを受けて二七日には法相と田中長官とが懇談を行った。

席上、田中長官は、最高裁判所とは別の上告裁判所を新設する構想を検討することを表明するにとどまった（朝日、読売57・4・28）。両者が合意に至らない中、五月六日の衆議院理事会は、法案を継続審査に付すことで当面の立法措置を見送ることとした。

自社の共同修正が終われば、少なくとも法案は衆議院を通過し、参議院が同意すれば、そのまま成立する可能性もあった。それがいったん止まったのは、田中長官が国会審議に出席したことがやはり大きかった。

参議院議員を経験した田中にとって、国会審議への出席と対応は容易だったが、裁判官出身の長官であれば、難しかっただろう。結局、立法府は最高裁判所長官を招致できたことを先例としたことで、法案修正そのものに固執しない柔軟な対応を取ったのである。

国会閉会後の六月一三、一四日の高等裁判所長官、地方および家庭裁判所長会同で、田中は次のような訓示を発し、最高裁判所の方針を再確認した。

御承知のとおり、昭和二十七〔一九五二〕年以来懸案になっていました最高裁判所の機構および上告制度の改革に関し、裁判所法等の一部を改革する法律案が先般第二十六回国会に提出され、衆議院法務委員会において審議が重ねられましたが、その成立を見ないで、継続審査に付されました……（中略）……最高裁判所の機構の問題は、司法裁判所としてのみでなく憲法問題に関する裁判所として最終審である最高裁判所の性格をとくに重要視して解決されなければなりません。これと同時に、われわれは、多数にのぼっている一般上告事件の処理のために別個の上告機関を設ける必要を認めるものであります。いずれにしても、われわれは、最高裁判所が旧制度の大審院の地位に逆戻りするような結果を招来することを極力避けなければならないと考えます。委員会で論議されました裁判官の員数の問題のごとき、解決いかんによっては単に裁判事務処理の能率に関係してくるのみでなく、最高裁判所の地位に影響を及ぼすことになりますから、きわめて周到な研究を必要とする事柄であります。

（『裁判所時報』第二三三号）

法案自体は、一九五八年の第二八回国会まで継続審議となったがその後廃案となる。最高裁判所は当面の機構改革から解放され、以後は滞留件数の削減が進み、改革問題は沈静化していく。

異色の長官のリーダーシップ

ここまでの過程は、最高裁判所の機構改革は裁判所法の改正を意味した。そこでは、最高裁判所の意見を無視しても、国会の意思によって改革は進められた。国会が法案を継続審議に留め置いたことによって、法務省によるこれ以上の法案提出も実質的に凍結され、さらなる衝突は避けられた。田中の国会への出席は国会の自制を促す結果となった。

一九五四年に田中は、最高裁判所事務総局について「司法行政の任務」と題して次のように述べている。

国会が立法をするのには、法制審議会のごとき公の機関があって方針を定めるが、それについては日々現場の経験をしている裁判官側の意見が十分考慮されなければならない。事務局〔この段階では事務総局〕は最高裁判所裁判官のみならず下級審の裁判官の意見をも色んなチャンネルを通じて知っているから、現行制度のどの点に欠陥があり、それをどういう風に改正するかがわかっている筈《はず》である。その点を不断に研究して、立法の過程に反映せしむるのが事務局の重要な任務である。

（『法曹』第四六号）

事務総局にこうした裁判官がそろうことで法改正への実質的な対応が可能となる。しかも、その上に立って、国会と直接交渉の矢面に立つのが田中の真骨頂だった。事務総局人事局長として田中を支えた鈴木忠一は、小法廷での裁判に関わらないで、司法行政に尽力した田中長官について、次のように評している。

先生〔田中〕に取って司法行政は全く未知の世界であったと思う。しかし先生は、司法行政の中で何が当時の裁判所に一番必要であったか、裁判事務の負担を若干軽減しても、それに因《よ》って生じた力を司法行政面の何《いず》れに充《あ》てることが急務であるかを、大局的に、逸《いち》早《はや》く観破してみずからこれに当ったのであって、これは、空気の流通のよくない温室に育って旧態依然たるを例とする裁判官出身の長官には、恐らく期待できなかったと言っても過言ではないであろう。

（「司法行政上の足跡」『人と業績』）

4　荒れる法廷、「世間の雑音」発言への批判

法廷闘争と吹田黙禱事件

発足まもない新憲法下の裁判所では、当事者が裁判官の言うことに従わず、法廷が混乱に陥る事件が立て続けに起こっていた。最高裁長官就任直後から、田中は訓示を通じて裁判官たちに法廷秩序の維持を呼びかけている。一九五二年七月には「法廷等の秩序に関する法律」が成立し、法廷秩序を乱した者に対する訴訟手続が整備されていく。

当時の法廷の混乱とはどのようなものだったのだろうか。

たとえば、一九五二年一二月には次のような事件が起こった。日本共産党栃木県委員会幹部など五〇名が公判傍聴中、うち一名が「全員釈放しろ、即時釈放しろ」と叫び、裁判長からの退廷命令を受けたところ、「俺は退廷しない」と怒号し、連行しようとする警備員に組み付いて暴行し、付近の傍聴人もこれに加勢し、警備員の腕章を奪取して逃走する。その間傍聴人、

全国刑事裁判官会同で講演する田中（中央）　写真は1959年11月

被告人が総立ちになって喧噪《けんそう》の事態となり、「五分間公判の審理を不能ならしめてこれを妨害した」（「法廷の秩序等維持に関する法律違反事件の決定」『裁判所時報』第一二四号）。公安事件や労働事件では、被告人支援の団体が法廷の混乱を誘い出す戦術をとっていた。そこでは裁判長はつねに身構えなければならず、最高裁判所も支援する必要があった。

一九五三年六月、田中は全国刑事裁判官会同の挨拶で次のように語りかけた。「法廷の空気は咳払《せきばら》い一つ遠慮するという、そのくらい神聖なものでなければならない。従って傍聴席から拍手が起るとか、野次が飛ぶとか、あるいは被告を声援激励するようなことは、絶対にない。想像に絶するところであります」。裁判官の「心の平静」なしに公正な審理は期待できないというのである（『裁判所時報』第一三五号）。

訴訟指揮の対応が甘ければ国会の介入を招く。一九五三年七月の吹田黙禱事件である。一九五二年に朝鮮戦争反対、軍事基地反対を掲げたデモ隊と警官隊とが大阪の吹田駅で衝突し、大量の逮捕者が出た。その公判中の一九五三年七月二九日、前々日の二七日に朝鮮戦争休戦となったことを受け、被告人が休戦を祝う拍手と朝鮮人犠牲者への黙禱を求めたところ、裁判長がこれを実質的に認めた。この事件の法廷では、それ以前にもスターリンの死を悼んで、さらにアメリカでスパイ容疑により処刑されたローゼンバーグ夫妻の死を悼んで、起立・黙禱を被告人が求め行われていた。国会は一連の裁判長の対応を問題視し、裁判官訴追委員会にかけ喚問を決定した。裁判長はこれを拒否し、結局は喚問が行われないまま訴追猶予となっていた。

事態を憂慮した田中ら最高裁判所は、九月二六日に、「法廷の威信について」と題した通達を全裁判官に発し、吹田黙禱事件の訴訟指揮を全面的に批判して、同様の事態を招かないよう注意を促した。他の法廷に波及する可能性も高く、国会の訴追委員会による介入を次々に招きかねなかったためである。

ジャーナリズムという「世間の雑音」

だが運動の側の闘争方針も変化し、公安事件や労働事件の暴力的な法廷闘争は次第に減った。他方で裁判中の事件について、マス・メディアからの批判や、法廷外での大衆運動が広がっていく。

特にこの時期メディアからの批判で話題となったのは、伊藤整『裁判』（一九五二年）と正木ひろし『裁判官』（一九五五年）である。前者は、D・H・ロレンスの小説『チャタレイ夫人の恋人』を翻訳した伊藤が作品のわいせつ性を問われた裁判の記録である。後者は、殺人を犯したとして罪に問われた被告人の無実を訴える弁護人正木の問題提起である。これは当事者である被告人側からの検察への批判であり、検察の主張を取り入れた裁判への批判だった。

さらに、当事者ではなく支援者によるメディアを通した裁判批判も起こる。作家の広津和郎が、『中央公論』に松川事件の裁判傍聴記を連載し、訴訟の問題点を逐一報じたのである。広津の連載は、支援者を超えて、広い関心を呼び起こした。

かつて田中は法廷闘争と対抗する際、その中核である共産主義への対決姿勢をとったが、マス・メディアを通じて広く国民に訴える手法と対抗するには、司法部内の結束を固めた上で、メディアの中で反論を発信しなければならなかった。

田中が裁判批判に正面から論駁《ろんばく》したのが、一九五五年五月の高等裁判所長官、地方裁判所長および家庭裁判所長会同での長官訓示である。ここで田中は、裁判官の独立が、「政府、国会等他の国家機関に対する保障」にとどまらず、「現下の事態においてとくに重要な意義をもつのは、それ以外のあらゆる社会的勢力とくにジャーナリズムその他一般社会の方面からくる各種の圧迫に対し裁判官が毅然として独立を維持しなければならないということ」だと述べている（『裁判所時報』第一八四号）。特に田中が注目するのは、「現に係属中の事件に関し」ての批判である。

我々はこの見地から、最近一部の有識者が、司法制度や裁判の在り方の一般的問題についてではなく、現に係属中の事件に関し、裁判の実質に立ち入って当否を云々《うんぬん》し、その結果裁判制度そのもの、あるいは裁判官の能力や識見について疑惑をいだかせ、ひいては司法に対する国民の信頼に影響を及ぼすおそれがあるような言説を公表していることを甚だ遺憾とするものであります。

ここまで踏み込んで批判するのは、「裁判所の権威が国家社会の存立のための重大な支柱である」ことが蔑《ないがし》ろにされているからである。その上で田中は裁判官たちにこう述べた。

我々裁判官としては、世間の雑音に耳をかさず、流行の風潮におもねらず、道徳的勇気を以《もっ》て適正、迅速に裁判事務の処理に最善の努力をいたすことが、世界通有の裁判官倫理であり、これがまたわが司法部の最も誇りとする伝統の一であることを忘れてはならないのであります。

この「世間の雑音」発言は、家永三郎による「国民は裁判を批判する権利と義務とをもつ――田中耕太郎最高裁判所長官に対する公開状」（『世界』一九五五年九月号）など、切り取られて批判される。田中の訓示が、批判を封殺すると捉えられるのも無理からぬところであり、裁

「外部の雑音に迷うな」

長官会同 田中最高裁長官訓示

全国高裁長官、地裁、家裁所長会同は二十六日午前九時半から最高裁で開かれ、司法行政事務のうち、とくに裁判所法に基いて三十一年度に行われる下級裁判所の裁判官の任命替え、法廷秩序の維持、家庭裁判所の運営などについて意見が交換されたが、席上、田中最高裁長官は、最近社会的勢力とくにジャーナリズムが現に審理中の裁判を批判し、圧迫を加えることに対し裁判官は毅然として独立を維持しなければならないむねを力説した。

田中長官

田中長官訓示要旨

◇最近松川事件などの裁判をきっかけとして裁判官の良心と独立との問題がとりあげられ、論議されていることは、われわれの無関心であり得ない事実である。いうまでもなく裁判官が憲法と法律以外には拘束されず、良心に従い独立して職務を行うべきことは憲法の要請しているところで、裁判官がどんな圧迫にも屈せず、どんな勢力にも動かされてはならないことは当然である。それ故にこそ裁判官はその独立を憲法、法律によって厳重に保障されている。この独立はただ政府、国会その他の国家機関に対する保障にとどまらない。現在とくに重要な意義を持つものは、それ以外のあらゆる社会的勢力とくにジャーナリズムその他一般社会の方面からくる各種の圧迫に対し裁判官が毅然として独立を維持しなければならないということである。

◇この見地から最近一部有識者が現に裁判係属中の事件に関し裁判の実質に立入って当否を論議し、その結果裁判制度そのもの、あるいは裁判官の能力や意見について疑いを抱かせ、ひいては裁判に対する国民の信頼に影響を及ぼすおそれがあるような意見を公表していることは非常に遺憾である。

◇このようにいうことは裁判官が個人的の特権や官僚的意味を主張しようとするものではなく、裁判所の権威が国家、社会存立のため重大な支柱だからだ。それはかりでなく、もしこのようなことが許されるなら、その事件の裁判の公平と適正に影響し、ひいては司法権の独立を犯すおそれがないとはいえないからだ。われわれはこの問題についてひろく社会一般の識者の関心を呼び起したい。裁判官としては世間の雑音に耳をかさず、流行の風潮におもねらず、道徳的勇気をもって適正、敏速に裁判事務の処理に最善の努力を尽すことが裁判官倫理であり、わが司法部の最も誇りとする伝統の一つであることを忘れてはならない。

なおこの田中長官の訓示は暗に松川事件判決に対して作家広津和郎氏らが行っている批判や、最近弁護士正木ひろし氏が山口県で行われた強盗殺人事件（八海事件、最高裁に係属中）の五被告中四被告は無罪であると主張した単行本を出し、一、二審裁判官の調べぶりを批判したことに向けられているとみられている。

田中による「世間の雑音」発言はその日のうちに報道された，『朝日新聞』（1955年５月26日夕刊）

判への批判は自由に行われるべきだと根強く反論された。

田中の訓示は、傍聴だけでは裁判官の心証形成の機微はわからず、法廷記録のみから事実認定を推論することすら無理だという裁判の本質に関わるものであった。だが、ジャーナリズムや法律以外の専門家による裁判批判への警戒も伏在していた。

そもそもこの訓示は、最高裁判所裁判官全員が出席する裁判官会議でも了承されていた。訓示の性質上、広く社会に訴えかけるというより、裁判官向けの部内メッセージだった。田中の「世間の雑音」発言を支持・補足する裁判官からの論説が一定数公刊されるが、それは田中の訓示が裁判官たちからの共感を呼んだためでもあった。

裁判批判から田中攻撃へ

田中は訓示を公表した後、裁判批判について批判する論説を次々に執筆していく。そのため、こうした論説は、当初の訓示内容への批判にとどまらず田中自らへの攻撃を招いた。

特に強い批判を展開したのが歴史家の家永三郎である。家永は、この問題を整理した著書『裁判批判』（一九五九年）で、最高裁判所の見解もさることながら、田中の見解とその発言が下級審への批判であることを逐一取り上げ、随所で田中攻撃を行っている。その最たるものは、田中自らが裁判長だった三鷹事件の公判である。家永は裁判官弾劾の訴追請求書を転写してこう描いている。

法廷において、今野弁護人から田中裁判長に対し単独忌避の申立をなし、その理由を述べようとしたが、裁判長は、その発言を禁止し、さらに大塚、青柳、蓬田、植田その他の弁護人から裁判長の発言禁止処分に対し、刑事訴訟法の規定に則って異議申立をなしたに対し、田中裁判長は、「発言を許しません」の連発をもって、一切の異議申立を葬り去ってしまった。

（『裁判批判』）

田中はそもそも法廷に慣れておらず、裁判を円滑に進めるといった訴訟指揮とは縁遠かった。裁判所入りして五年ほど経った一九五五年、田中は「私の失敗談」と題して以下のような感慨をもらしている。

「法服をつけて法廷に出るのは、職務とはいえ気持の上で非常に重荷である。各当事者の運命にかかる言渡をすることは、結果がどうであれ憂鬱である。訴訟指揮の問題について、臨機応変にどう処理すべきか今なおいろいろ問題が起る。老練な同僚裁判官や調査官からその都度あらかじめ教を受けることがまれではない」(『法曹』第五四号)。

家永の描写は、支援者という一方当事者側の記録だが、田中の訴訟指揮の実態がこうしたものであった可能性は高い。裁判批判を展開する家永らは、田中らの不当な裁判によって虐げられた被告人たちという構図を強く印象づけた。

だが、田中には、メディアからの批判や支援者による運動から裁判官たちを守らなければならないという意図があった。田中が強調するのは、日本における司法の歴史が「浅い」ことであった。

> 諸外国においては司法制度はすでに久しい歴史をもっており、その間に裁判の本質についての認識が国民大衆に大に徹底してきている。しかるに日本では近代的司法が発足して以来年月がなお浅く、裁判の威信は諸外国のように確立していない。
>
> (「裁判と世論」『法の支配と裁判』)

家永らの裁判批判は、無実の罪に問われた被告人を救出するには、メディアによる批判を強めることが必要だという点に力をこめる。田中は、そうした批判は個々の訴訟を超えて、裁判という制度を傷つけると捉えた。

裁判批判は本来、被告人と対峙する検察に向けられるべきものだが、運動は被告人と検察の間に立つはずの裁判官も検察と合わせて糾弾する傾向にあった。裁判所としては、こうした運動を放置すると、運動に加担したと政権・与党からは受け取られ、裁判所への政治的介入を招くことにもなる。

したがって田中の対応は、裁判批判には雑誌論説で逐一反論し、訓示を発し、必要があれば国会への出席も辞さないという劇的な振る舞いで対処しようとするものとなった。

裁判官の新しい人事システムへ

「世間の雑音」発言をめぐる論壇の動向が一息ついた一九五七年秋、新制の裁判所発足後一〇年を迎え、多くの裁判官の任期が終了する時期にあたっていた。再任するかどうか、またどう配置するかが、ここで大きく問われていた。

最高裁判所は、任期満了の裁判官のうち、一一月一五日付で四七二名の下級審裁判官の異動を決定した。約二三〇〇人の総裁判官数の五分の一である。裁判所法第四八条により、裁判官はその意思に反して転官、転所されないという身分保障がある。このときは、異動に応じない裁判官は再任しないという強硬な措置も用意し、個別に説得して配転を進めた（朝日57・11・14、毎日夕刊57・11・15）。結果、再任されない裁判官は五五名で、一部は弁護士から補充した

（朝日、日経57・11・14）。

田中長官は、今回の人事発令の直前の一九五七年一〇月二日に高等裁判所長官、地方裁判所長および家庭裁判所長会同の席で、次のような訓示を発した。

下級裁判所の多数の裁判官について十年の任期満了による再任不再任を決定すべき時期がいよいよ間近に迫りました。……（中略）……これについて最高裁判所におきましては、各位の御協力の下に周到慎重な準備を進め公平適切な実施を期しております。我々としては部内の人事刷新の見地からして、不適任者の不再任と適材適所の人事交流を強固な決意をもって実施する所存であります。我々は憲法下最初の大規模な任命替がわが司法の将来に対して持つ重大な意義にかんがみ、各位が、憲法の精神を深く理解し、再任の場合の人事交流の円滑な実施に協力せられることをここに重ねて切望いたす次第であります。

（『裁判所時報』第二四一号）

人事異動後、一九五八年六月の訓示で田中は、「昨年十月以降今日までの間に、八百名を超える多数の下級裁判所裁判官の再任、不再任ならびにこれに伴う広範囲の人事異動が行われました」と総括した（『裁判所時報』第二五七号）。こうして「広範囲の人事異動」は戦後の体制として定着していく。

戦前の制度にならえば、判事補としての最初の赴任地で長期にわたり職務に就くため、多数の複雑な事件を扱う東京地裁の裁判官と他地域の裁判官とでは、経験の質的な違いにより大きな能力差が生まれる可能性が高かった。これに対して広範囲の人事の方針は、司法サービスの全国への平等な供給という論理に基づいていた。一つには国民へのサービスの水準を均等にするためである。もう一つは裁判官の能力の等質化だった。大都市と地方で均等に勤務することによって、裁判官の経験の差を縮小し、均質な育成を図ることができるからである。

このように、発足直後の最高裁判所が直面した司法行政の課題は、発足直後の脆弱な制度を堅固にする安定的な人事配置だった。採用されたのは、機会均等という意味での平等主義だった。周到な準備の末に開始された全国の裁判官の転任が慣行として定着することによって、判事のうちに二、三回転任し、判事補新任から一七、一八年で勤務地を固定化する方式が確立していく。

予算獲得での長官の役割

戦後直後の裁判所は、予算不足が慢性的であった。その象徴が最高裁判所の庁舎であり、「壁はベニヤ板であり、叩けばぽんぽんと音がする」「二階の天井からは、三階の足音がきこえてくる」「表面だけは映画のセットの宮殿であるが、一皮むけば裏店である」（『私の履歴書』）。

国会・内閣と並ぶ三権として司法部の予算増額は事務的な交渉だけでは難しく、長官の役割が問われていた。田中は就任後最初の予算編成作業が進んでいた一九五〇年一二月、吉田首相に裁判官の増給を申し入れた（「元最高裁長官田中耕太郎氏の長官在任中の裁判所関係事項」『田中耕太郎関係文書』第二部二（4））。

一九五三年には長官名で、参議院に予算減額の不当を訴える書面を送っている。一九五三年度予算は四月に衆議院選挙が行われ大幅に成立が遅れていたが、その際に衆議院で「一般行政経費の節約」のため大幅に減額され参議院に送られていた。田中は、裁判所の予算は国選弁護人の報酬、証人・鑑定人への日当など経理上の工夫で減額が難しく、減額は不当だと訴え、それが七月二九日の審議の場で紹介されたのである（『第十六回国会参議院予算委員会会議録第二十七号』）。

裁判所機構改革問題が沈静化した一九五八年からは、最高裁判所は予算増額を大きな司法行政上の課題とした。一九五九年と六〇年、かつては激しい共産主義批判を行った「年頭の辞」は裁判所予算の確保を国民、国会、政府に訴えかけていた。特に一九五九年の年頭の辞は、全文をこの予算問題にあてている。

政府や国会の経常的な活動については、国民は新聞等の報道機関によって相当の程度知る機会が与えられている。しかるに司法とくに裁判に関しては、センセイショナルな事件が例外的に報道されるだけで、司法運営の実状についてまだ十分知り得ない状態にある。

この点は日本と諸文明国との大きな差異である。社会一般が司法の重要性を自覚しないから、各政党は司法の地位を高め、その充実等について政綱をかかげる程の熱意をもっていない。……（中略）……政府や国会は法曹の養成、裁判官や職員の待遇改善、裁判所庁舎の増改築等に必要な費用を支出することを惜しんではならない。我々はこの点に関し最近世間が注目しはじめたことを心づよく思っている。また在野法曹が裁判所予算に関する我々の主張の貫徹のために熱心な支持を与えられつつあることを深く感謝する次第である。

（『裁判所時報』第二七〇号）

かつては「世間の雑音」に耳を傾けるべきではないと述べた田中も、裁判所機構改革問題を経て、再度世論に訴え、在野法曹に支持を呼びかけ、国会と内閣にメッセージを送る必要に迫られていたのである。

5　うねる政治と司法権——松川事件・砂川事件・苫米地事件

松川事件判決

一九六〇年一〇月、田中は七〇歳の定年で退任するが、退官前数年は岸信介内閣のもとで、一九五八年末の警察官職務執行法改正問題、六〇年の日米安全保障条約改定問題といった激しい政治的対立に彩られた時期に当たる。司法の場でも、一九五九年八月に松川事件判決、一二月に砂川事件判決、六〇年六月に苫米地事件判決が下される。占領期における政治対立の中で起きた事件の最終処理が行われた時期であり、どのような判決が言い渡されるのかに注目が集まっていた。

田中は長官として、最高裁判所の裁判官合議を主宰し、自らを含めた一五名の裁判官の討議を通じ、多数意見をまとめていった。

特に松川事件は、一九四九年八月の国鉄労使対立のさなかに起きた鉄道車両転覆事故という衝撃的な事件であり、被告人が二〇名ほどと多く、世論の注目を集めた最重要案件だった。裁判は一、二審で死刑・無期懲役の判決を受けた被告人が多数にのぼった。だが、上告審では事実認定と反する新資料が提出され、下級審の判断に強い疑義が出されていた。被告人の共同謀議の有無に関する事実認定の正確さ、ひいては有罪判決が冤罪かどうかが激しく争われていく。

田中は合議の席で、「本件の判決の如何は司法の権威と国民の裁判所に対する信頼の上から見て、大津事件にまさるとも劣らない重要性をもっている」と述べ、裁判官たちも強い緊張感を持って臨んだ（「意見」『田中耕太郎関係文書』第二部二（23）2）。

松川事件への裁判批判は、被告人支援団体の運動と結びつき騒然とした情勢を作り出していた。労働組合を中心とする支援団体に、先述した広津和郎による『中央公論』での連載傍聴記を一因に知識人も加わり、裁判と並行した大規模な支援活動が続けられたからである。

田中は判決を下す直前の訓示で、「ある種の事件に関しては、一部の関係者が自己の期待に反する裁判を法廷外において批判攻撃し、甚だしきにいたっては事件を演劇化して広く国民に訴え、裁判に対する不信感を植えつけ、また外国の同志にまで呼びかけて裁判所を牽制しようとする運動を展開している」と被告人の支援者を強く非難した（『裁判所時報』第二八〇号）。

小泉信三も、『中央公論』が裁判批判を繰り広げた広津和郎の連載のみを掲載するのは一方的だとして、嶋中鵬二社長に田中を支持する裁判官の論稿を掲載するよう求め、嶋中宛の書簡の写しを田中に送り激励した（小泉信三、田中耕太郎宛書簡、一九五九年九月二三日付、『田中耕太郎関係文書』第二部二（21）4）。裁判をめぐるメディア記事では賛成、反対入り乱れての激論が続いた。

大法廷では一九五八年一一月に一〇回の弁論を開いた後、週三回のペースで合議を続けた。一九五九年五月には、「このごろの最高裁判所は月水金の週三日、大法廷の合議に明け暮れているといわれる。いわずと知れた松川事件の集中合議である」と報じられ（『朝日ジャーナル』一九五九年五月一〇日号）、合議の席での過熱した論争は当時世に広く伝えられていた。

報道の通り、一九五九年三月段階では、二審の破棄差戻六名（小谷勝重、島保、藤田八郎、河村大助、奥野健一、高木常七）、棄却四名（田中、池田克、垂水克己、高橋潔）、破棄自判二名（入江俊郎、下飯坂潤夫）と、病気のため弁論を欠席していた裁判官二名を除くと意見は真っ二つに割れていた（「再び結論」『田中耕太郎関係文書』第二部二（23）2）。

田中は、一九五九年三月二九日付で合議の席で発言するため準備した原稿を残している。そこでは、棄却と破棄自判（原判決を破棄して自ら裁判を行うこと）とが一致すれば、六対六でまとまらなくなることを指摘し、「三つのグループの間の調節、歩みよりによって多数を作り出す」必要があると前置きした上で、破棄差戻への批判を三点にわたって展開した。

第一に不当に裁判の期間が長くなる。第二に様々な圧迫を受けた中で訴訟指揮を進めた一審、二審の裁判官による判断の重さと比べると、破棄差戻の根拠となった事実は、全体のごく一部に過ぎず、採るに値しない。第三に一審、二審の裁判官に限らず、法曹界に本件で認められた犯罪が事実として行われたと考えている層が「表面にはあらわれていないが相当存在」し、こうした専門家を納得させるだけの破棄差戻の根拠が不足している。田中は、特に第二点目を重視していた。

八月一〇日の判決は、七対五で二審判決の破棄差戻となった。田中は最後まで棄却の意見であった。

判決直後、最高裁判所裁判官だった真野毅が退官後の自由な立場から「裁判に対する信頼と不信」と題した論稿で強い判決批判を展開した（『朝日ジャーナル』一九五九年八月一六日号）。これに対し田中は同誌に反論を寄稿し、判決後も論争が続いた。たとえば『田中耕太郎関係文書』には、真野の論稿を批判する田中宛の書簡が複数所蔵されている。論争は書簡の中でも話題となっていたのである。

砂川事件と「統治行為論」——日米安保条約違憲論に対して

松川事件の判決が下される頃には、日米安全保障条約の合憲性が争われた砂川事件の準備が最高裁判所で始まっていた。

この裁判は、東京立川の米軍基地拡張に反対する運動家と警官隊の衝突にまつわる刑事事件である。だが一九五九年三月、一審で日米安保条約が違憲であるため、被告人を無罪とする判決が下される。検察は高裁を飛び越えて直接最高裁判所での審理を求める特別抗告で応じた。一九五九年のこの時期は、岸内閣による日米安保条約の改定交渉が進んでおり、判決内容は交渉に直接影響を与えるものだった。

この訴訟は、田中がアメリカ大使館の関係者と私的なやりとりをする中で裁判の帰趨について説明していたとの記述が、近年アメリカの外交史料の中で見つかり、「司法権の独立」を歪めたと批判する論説が登場している（布川玲子・新原昭治『砂川事件と田中最高裁長官』）。

田中は好んで諸外国の最高裁判所と交流し、在外公館の外交官とも親しくしており、そうした場面があったことはほぼ明らかだろう。問題はその会見の内容である。重要なのは田中が全員一致の判決を目指していると説明していたことである。裁判官全員の合意によって、最高裁判所の姿勢を明確に打ち出し、それによって世論の批判に結束して立ち向かうことが可能となる。全裁判官が合意できる範囲での判決にとどめることが、長官としての訴訟指揮の方針となる。

一九五九年一二月、最高裁判所の判決は、日米安保条約に基づく米軍の駐留を「違憲無効であることが一見極めて明白であるとは、到底認められない」として駐留を実質合憲とした。だが、日米安保条約については次のように判示した。

その条約を締結した内閣およびこれを承認した国会の高度の政治的ないし自由裁量的判断と表裏をなす点がすくなくない。それ故、右違憲なりや否やの法的判断は、純司法的機能をその使命とする司法裁判所の審査には、原則としてなじまない性質のものであり、従って、一見極めて明白に違憲無効であると認められない限りは、裁判所の司法審査権の範囲外のものであって、それは第一次的には、右条約の締結権を有する内閣およびこれに対して承認権を有する国会の判断に従うべく、終局的には、主権を有する国民の政治的批判に委ねられるべきものであると解するを相当とする。

「多数意見は条約には裁判所の違憲審査権は及ばないという意見と本件安保条約は統治行為に属するから審査権がないという意見とを最大公約数的に包括したものと思われる」という奥野健一・高橋潔両裁判官の意見にあるように、全員一致とするために、裁判官の代表的な意見が盛り込まれた構成だった。そのため数多くの補足意見が出た。

砂川事件上告審判決公判，1959年12月16日　「原判決破棄，東京地裁へ差し戻し」の判決を言い渡した最高裁大法廷．中央に裁判長の田中

田中も補足意見を出している。そこでは、地裁判決が「憲法九条、自衛、日米安全保障条約、平和主義等の諸重要問題」に立ち入ったため、これらについて判決も裁判所の見解を示す必要があったとする。

その上で田中の年来の主張に沿って、日本は国家として自衛権を持ち、それを国際社会に対する道徳的義務として、国際協同体の理念に照らして行使することができる。憲法九条と憲法前文の「平和主義の精神」は「不動」だが、自衛のための措置と判断は、「その時々の世界情勢その他の事情を考慮に入れた、政府の裁量にかかる純然たる政治的性質の問題」であるとした。

日米安保条約については、田中は自らの安全保障観を明らかにした。『「力の空白状態」によってわが国に対する侵略を誘発しないための日本の防衛の必要および、世界全体の平和と不可分である極東の平和と安全の維持の必要に出たもの」であり、「憲法九条の平和主義的精神と相容れないものということはできない」。したがって、条約に基づく米軍の駐留も、憲法九条の規定に反するものとはいえないというのである。

判決は、地裁判決の違憲判断を覆し、米軍の駐留を合憲とし、条約本体の合憲については判断を回避した。この主張が政治問題から司法権の独立を守る防衛線とする点は、最高裁判所裁判官の総意だった。

憲法七条解散は国民の政治判断へ

裁判所の「高度な政治的問題」に対する抑制的な姿勢は、さらに判例として整理されていく。憲法第七条に基づく衆議院の解散が違憲であるかが争われた一九六〇年六月の苫米地事件判決では、次のように述べている。

直接国家統治の基本に関する高度に政治性のある国家行為のごときはたとえそれが法律上の争訟となり、これに対する有効無効の判断が法律上可能である場合であっても、かかる国家行為は裁判所の審査権の外にあり、その判断は主権者たる国民に対して政治的責任を負うところの政府、国会等の政治部門の判断に委され、最終的には国民の政治判断に委ねられているものと解すべきである。

これまで述べてきたように、最高裁判所の人事のシステムは確立途上であり、予算の獲得には困難を極め、機構改革は多数党による裁判所法改正で可能な状況だった。「一見極めて明白に違憲無効であると認められない」法・条約に違憲判断をつきつけて政権と衝突しても、世論は最高裁判所を支えるとは限らない。

法律論として、違憲であれば違憲と判断すべきだという見方もある。だが、裁判そのものが政治化する中で、その範囲をどう採るかをめぐり、裁判所の判断は微妙な舵取りを迫られる。田中は、長官としては抑制的な判決へとまとめ、一裁判官としては補足意見の中に安全保障観を付記するという姿勢で臨んでいた。

部分社会と「政治問題」

このような「高度な政治的問題」への最高裁判所の対応は、安全保障に関わる政治問題だけではなく、より広義の「政治問題」にも適用されていた。それが、のちに「部分社会論」と呼ばれる地方議会による議員処分の是非をめぐる判決である。個々の議員に懲罰などの処分を議会が下したことに抗議する当の議員からの訴訟である。一九五三年、六〇年三月、六〇年一〇月の一連の意見の中で、田中は国家内における「法秩序の多元性」を説いた。

まず、一九五三年判決の少数意見で、田中は次のように述べている。

国際社会は自らの法を有し又国家なる社会の中にも種々の社会、例えば公益法人、会社、学校、社交団体、スポーツ団体等が存在し、それぞれの法秩序をもっている。法秩序は社会の多元性に応じて多元的である。それ等の特殊的法秩序は国家法秩序即ち一般的法秩序と或る程度の関連があるものもあればないものもある。その関連をどの程度のものにするかは、国家が公共の福祉の立場から決定すべき立法政策上の問題である……（中略）……要するに国会や議会に関しても、司法権の介入が認められない純然たる自治的に決定さるべき領域が存在することを認めるのは決して理論に反するものではない。

その上で、「地方議会の懲罰に関しては、議会自体が最終の決定者であること国会の場合と同様である。仮りに多数者が横暴に振舞い、事実として懲罰の事由の存否が疑わしい場合に懲罰に附し又は情状が軽いのに比較的重い制裁を課したような事情があったとしても、それは結局事実認定裁量の問題に帰し、従ってその当不当は政治問題たるに止まり、違法の問題ではない」（同前）と述べている。

この田中の意見は、一九六〇年一〇月判決の多数意見に採用される。「一切の法律上の争訟とはあらゆる法律上の係争という意味ではない。一口に法律上の係争といっても、その範囲は広汎《こうはん》であり、その中には事柄の特質上司法裁判権の対象の外におくを相当とするものがあるのである。けだし、自律的な法規範をもつ社会ないしは団体に在っては、当該規範の実現を内部規律の問題として自治的措置に任せ、必ずしも、裁判にまつを適当としないものがあるからである」とする。

田中の意見は二つの特徴を持つ。一つは、地方議会という「部分社会」を裁判所の権限外に置き、懲罰の判断を「政治問題」と見ていることである。

一九五三年判決の下級審では、被懲罰者は「県政の鋭い批判者」として「人員整理並地方事務所の廃止」を鋭く批判する者と認定されていた。一九六〇年三月判決の下級審では、被懲罰者が「板橋区政改革」のために「議員及び板橋区長の秕政《ひせい》〔悪政〕に対し批判」を加えたことが主張されている。一九六〇年一〇月判決の下級審では、町村合併に基づいた役場の位置条例改正案の可決通過を図る多数派が、「反対派の中心人物」を議決から排除するため出席停止の懲罰措置が取られたことが認定されている。これらが「政治問題」の実質だった。

もう一つは、国会と地方議会を並列して見ていることである。

一九六〇年三月判決の補足意見で田中は、「国家内における社会としては、例えば機関的関係において国家に隷属し、しかもある程度の独立を維持する裁判所や国会のようなものがある」と述べ、国会と地方議会の共通性を強調した。かつて『法と宗教と社会生活』で社会の多元的秩序を強調した田中は、国家内の「自治的な法秩序」の多元性をも強調するに至ったのである。

田中が判決の基礎に多元的な秩序観を置いているのは、砂川事件・苫米地事件の最高裁判決における統治行為論と同根である。社会を個人によって構成されるとみるならば、個人を救済するために裁判所が国会・地方議会さらには諸団体に能動的に介入することとなる。だが社会が団体によって構成されていることを重視すれば、それぞれの団体の自治に裁判所は消極的にしか関わらない。発足後脆弱なままの裁判所は、団体秩序を破る判断を避けることで、独立を守ろうとしたのである。

「法の日」と法曹界の結集

最高裁判所裁判官は内閣の任命と天皇の認証によってその地位に就く。象徴天皇制の下で最高裁判所長官は、三権の長の一人として、年賀、天皇誕生日、園遊会などの宮中行事で拝謁し、皇室会議の委員として重要議題に参加する。田中もほぼ毎年、長官として天皇に単独で拝謁した。最高裁判所裁判官・高等裁判所長官は天皇と陪食する年中行事もあった。

近代日本の司法権の独立は、天皇の行幸を契機に、段階を経て強化された歴史でもある。節目に司法記念日が設けられていた。

一九五七年に最高裁判所発足一〇周年記念式典の準備にあたり、事務局では最高裁判所への天皇行幸の希望を持ち、宮内庁から可能性がないわけではないと返答を得る（「最高裁判所十周年記念行事」『法曹』第八四号)。最高裁判所は、法務省、弁護士会に参加を呼びかけ、天皇の最高裁判所への行幸のもと一〇月一日に式典を行った。式典後、最高裁判所、法務省、日本弁護士連合会の三者共催で、全国高裁長官、地・家裁所長、検事長、検事正、弁護士会長の合同協議会が開催され、法曹一元化、訴訟促進について意見交換が行われる。この一〇周年記念式典は、一つには、戦前の天皇と裁判所との関係の再確認を意味し、もう一つには、それを機に法曹三者の意見交換を密接にするという効果を持った。

翌一九五九年一〇月の法曹三者懇談会は、「最近に問題になっている裁判の批判、裁判所に対する示威運動、第一審の充実、訴訟の促進」について論じ、一〇周年記念式典の行われた「一〇月一日を『法の日』とする決議」を採択した(「『法の日』に想う」『法曹』第一一七号)。

ここに至るまでに法曹三者の協力関係が築かれつつあった。裁判所機構改革問題を経て、裁判所内でも法曹三者の結集が課題と認められていく。

裁判所による法曹雑誌『法曹』は、一九五六年初号のコラムの欄で、五五年末の社会党統一・保守合同に対抗して、「司法の運営に関与する裁判官、検察官、弁護士その他の全法曹がウッて一丸となった『一体化した法曹』"Unity of lawyers"の力が——国会や内閣と独立して——司法権をバックし、サポートすることが必要」と主張する記事を掲載している("UNITY OF LAWYERS"『法曹』第六三号)。これは政界に対し、裁判所による法曹界の結集という戦略が登場したことを意味する。以後、かねてから弁護士会が求めていた法曹一元論についての議論が始まっていく。

安保闘争への批判

他方で、「法の日」の決議は、田中の主張でもある日米安保条約改定反対運動に見られる街頭デモへの反対声明だった。

一九六〇年六月二四日の閣議で「国民主権のもとに、国をあげて法を尊重し、法によって個人の基本的権利を擁護し、法によって社会秩序を確立する精神を高揚する」という趣旨で「法の日」の制定が了解され、一〇月一日は「国家的行事」となることが決定される（「『法の日』に想う」）。すなわち「法の日」は、連綿と続く裁判批判に応答する広報手段だった。なお、「法の日」の一つのモデルとなったアメリカの「Law Day」も、労働者の祭典であるメーデーと同じ五月一日としており、社会主義国とのイデオロギー的差異を際立たせることを目的としていた。ともに冷戦下の政治対立を反映するものだった。

田中は式辞で「とくに近時国会の内外、街頭、職場等において集団的な暴力が横行し、国家の法秩序が蹂躙《じゅうりん》され、国家の信用を著るしく失墜したことは、民主国家としてははなはだしい恥辱《ちじょく》であります」と述べている（『裁判所時報』第三一四号）。

田中の気分は、彼に限ったものではなかった。松川事件の判決が下された直後、事務総長から名古屋高等裁判所長官に転任していた五鬼上堅磐は、田中宛の書簡（一九五九年八月一一日付）で次のように述べている。

今回の判決の結果一般国民が如何に感じたか。法廷外に於ける大衆運動と裁判、最高裁判所の機構問題等更《あらた》めて考えさせられるものがあるやの感を深く致しました。

（『田中耕太郎関係文書』第二部二（21）6）

「法の日」の式典後ほどなく、田中は最高裁判所長官を退任した。五鬼上がいう社会秩序の維持、街頭・職場などでの暴力行為の排撃、法の正義の称揚といった要素は、田中の長官一〇年間を振り返った感慨でもあった。

田中後の長官は、あからさまな部外との対立は控えた。にもかかわらず、それは司法権の安定を意味しなかった。政治からの介入がより深刻になったのは、一九七〇年前後のいわゆる青法協問題をめぐってである。

最高裁判所は公務員労働事件について、一度は労働権を幅広く認める判決へと判例変更を行い、自民党からの強い裁判所攻撃を誘発した。青年法律家協会会員の「偏向」裁判官に対する再任拒否の要求、最高裁判所裁判官人事への内閣からの介入によって、最高裁判所は、再度公務員労働権を抑制する判決へと判例を変更する。裁判所内では人事権を駆使してより統制色の強い司法行政を構築せざるを得なくなっていく。

田中長官時代からの訣別――違憲立法審査権の行使と司法権の独立

だが、最高裁判所は、公務員労働事件とは別の分野で少しずつ影響力を発揮し始める。青法協問題を収拾するための司法行政の強化と並行し、一九七三年に刑法第二〇〇条の尊属殺加罰規定を違憲とする判決を最高裁判所は言い渡した。既存の法律に初めて違憲立法審査権を行使したのである。

親への殺人罪には、無期懲役か死刑以外の法定刑しかなく、通常の殺人罪よりもはるかに重い刑を規定していた。だが、親からの激しい虐待に耐えかねて殺してしまった事件では、この規定に基づく刑罰は不適切と裁判所は判断する。伝統的な家族を重視する自民党内の根強い反対から、この第二〇〇条を削除する刑法改正は長らく行われなかったが、最高裁判所はこの規定を適用することはなくなった。

この違憲立法審査権の行使は、田中が主導した判決からの訣別であった。田中長官時代に最高裁判所は、尊属殺等加罰規定の合憲判決を出していたからである。「夫婦、親子、兄弟等の関係を支配する道徳は、人倫の大本、古今東西を問わず承認せられているところの人類普遍の道徳原理、すなわち学説上所謂《いわゆる》自然法に属するものといわなければならない。従って立法例中普通法の国である英米を除き、尊属親に対する罪を普通の場合よりも重く処罰しているものが多数見受けられるのである」とする判決である。この判決には、家族を国家に先行して存在する「本源的で完全な協同体」と呼んだ田中の発想が色濃く表れていた。

一九七三年、最高裁判所は自民党からの人事への攻勢が厳しい時期にあえて判例変更を行った。政治的介入を受けながらも、違憲立法審査権という強力な権限を行使するのは、田中時代の脆弱性を乗り越えようとする新しい最高裁判所の姿だった。

田中時代からも、また以後の時代からも、裁判は、一方である瞬間に政治状況と接点を持ちつつも、他方でそこからの影響を遮断し法廷での審理を続ける。この二面性の中で振り子のように揺れつつ、独立の確保に努めていく。田中は、その初期の脆弱な時代の中で、司法権の独立を確保するため、長官として可能なあらゆる措置を一方で講じ、他方で「世間の雑音」と戦い、憲法とは相容れないとして共産主義と闘い、保守的な内閣とは協調し、復古主義を批判した。そのため、判決の中ではギリギリの政治的判断は控え、違憲判決を出して内閣と対抗することはなかった。

田中は日本国憲法の普遍的な価値を強力に擁護し、統治機構関連の条文などでの改正を可能と認めつつも、当時の保守政党が強力に主張した全面的な憲法改正論には与《くみ》しなかった。田中が模索した政治がうねる時代の司法権の均衡点は、こうした振る舞いの積み重ねの中にあった。

第7章　世界法へ――国際司法裁判所での九年

1　国益と結びついた選挙戦

「牢獄」から「亡命」へ

一九六〇年、最高裁判所長官の退職を迎える前に、田中は国際司法裁判所裁判官の候補となることを決断していた。国連での投票手続の結果、当選を果たした田中は、戦後日本初の主要な国際法廷での裁判官となった。田中は一九六〇年一一月から七〇年二月まで九年間裁判官を務めることになる。八〇歳近くまでオランダのハーグに居を構え、法廷での審理と裁判所の運営に従事する。

戦前の日本は国際連盟の主要国として、国際司法裁判所の前身である常設国際司法裁判所に裁判官を輩出していた。織田萬、安達峰一郎、長岡春一である。国連に加盟する前の一九五四年、国際司法裁判所規程を締約して当事国となった日本は、裁判官選挙に臨んで候補者を立て

教皇ピウス12世と田中夫妻，1956年２月

た。だが、元外交官の候補は、敗戦国であったことからも当選は覚束なかった。田中は、最高裁判所長官としてすでに対外交流の蓄積があり、カトリック信者として知られていることからカトリック諸国の支持を得やすく当選の可能性がある候補者だった。

最高裁判所長官退任後の回顧録で田中は、「世界法の理論を実地に応用することができる」と抱負を語った（『私の履歴書』）。だがハーグへ出発する前、法曹関係者のカトリック信者団体であるカトリック法曹会の場で、田中は「最高裁で十年の Imprisonment〔牢獄〕、そして今度は九年の Exile〔亡命〕だ」と聖書のバビロン捕囚を暗示し語っている（滋賀秀三「田中耕太郎先生との出会い」『人と業績』）。

もとより海外旅行を楽しみ、文化の違いを超えて人々との交流を好んだ田中だったが、国際法の適用と解釈を行う法廷は、田中の経歴からは縁遠かった。『世界法の理論』の著者である田中は、国際法を理論面で理解はしていたが、具体的な裁判事例になじんできたわけでもなく、外交現場で国際法実務に触れた経験はなかった。

国際司法裁判所の孤立

そもそも国際法廷の中で実質的に頂点に立つ国際司法裁判所の裁判官は、それぞれの国の国際法学への深い理解と外交経験とを併せ持つ世界的にも一級の国際法律家たちだった。

高齢で英語での会話に苦労しながら、田中は老骨に鞭《むち》打つように、関係書面を読み、論点を調べ、審理に参加し、判決についての評議に臨んだ。「将来わが国から適任者が出るまでのつなぎと考えて」裁判官の選挙に立候補した田中は（「法学」）、就任後は「怠けたら国の威信にかかる」と自戒していた（伊原弥生「田中さんのこと」『人と業績』）。

裁判所内でも、そうした田中の貢献は評価されていた。同僚でもっとも有力な裁判官の一人だったアメリカ出身のフィリップ・ジェサップは、田中に次いで日本出身の裁判官となった小田滋に、「田中裁判官は、最高水準の司法の中立性と客観性を保ち続けた」と書き送っている（Jessup to Oda, 24 November 1975, JP III-15-5）。そうした蓄積があって、以後日本は小田、小和田恒、岩沢雄司といった裁判官を輩出することができたともいえる。

国際司法裁判所は、国際連合の「主要な司法機関」として、国際連盟下の常設国際司法裁判所の手続規定を事実上受け継ぎつつも、新裁判所として一九四六年に開廷した。設立後一九五〇年代は主としてヨーロッパ、南北アメリカ諸国を中心とする当事国間の紛争解決を中心に事件を審理した。だが、一九六六年の南西アフリカ事件の判決によって、政治的動揺の下に置かれる。発足以来最大の独立の危機を迎えたのである。

この事件で国際司法裁判所は、南アフリカによる人種差別を容認するかのような判決を下し、憤激したアフリカ諸国から、国連総会で激しい非難が寄せられた。結果として一九七〇年前後、国際司法裁判所の付託件数がゼロという状態になる。人種問題は国際法ではなく「政治」による解決に期待が寄せられ、その文脈では国際司法裁判所は孤立し、無力化しかけていた。

開廷されなくなる事態の中で裁判官たちは、国際司法裁判所規程・裁判所規則などの全面的な見直しを通じて、国連での裁判所の威信を強化しようと努めた。新しい状況に合わせて裁判所の機構と手続を改革し、対外関係を再構築しようとしたのである。

こうした司法行政と対外関係の構築は、田中が最高裁判所長官として手がけた対応に近い。ともに司法機関の独立が脅かされていたからである。高齢の田中は、最高裁判所長官時代とは異なり、危機の中で前面に立つより、周囲からの信頼を得つつ、アジア出身の裁判官としての務めを果たす。それもまた、独立性ある機関を支える一つの姿だった。

選出までの日本と国連

国際司法裁判所は一五名の裁判官で構成される。「世界の主要文明形態及び主要法体系」が代表されることが求められ、出身国から見た裁判官の構成は、西ヨーロッパ、アフリカ、アジア、ラテン・アメリカ、東ヨーロッパといった一定の地理的配分の枠で選出される。任期は九年で再任は可能だが、原則三年ごとに五名を改選する。裁判官は、自国で「最高の司法官」に任ぜられた者か、「国際法に有能な名のある法律家」であることが要件だった。多くの場合は後者の国際法の専門家が選任されるが、田中は前者にあたる。

裁判官候補者の指名手続は、まず各国が常設仲裁裁判所の「国別裁判官団」として登録した四名によって、候補者を指名するところから始まる。国別裁判官団は、名簿上登録されたものであり、案件に応じて仲裁裁判所の法廷が開かれるときに、裁判官を選定する際の母体となるに過ぎない。だが国際司法裁判所の裁判官候補者指名に際しては、主要な役割を果たすのである。

国別裁判官団は、四人まで候補を指名することができ、うち一名を自国民とすることができた。こうした候補者について、国連本部で行われる選挙では、総会と安全保障理事会とが別個に投票する。一度の選挙で通常は五名が選任されるため、各国は五名連記で投票する。総会・安全保障理事会双方が、絶対多数を得る候補者五名を確定するまで投票を繰り返す。双方が五名を選んだところで、ともに選出された候補が当選となる。当選者が五名に達しなければ、この手続を繰り返す。

第二次世界大戦の敗戦国であった日本は、一九五六年に国連に加盟する。それ以前から日本は一九五四年に国際司法裁判所規程の当事国として裁判官の指名手続に入り、五八年には他国からの一方的な裁判の提起に際して裁判所の管轄を受け入れる強制管轄権を承認するなど、国際司法裁判所での法的紛争に積極的に協力する姿勢を示した。こうした日本の外交方針からは、可能な限り早期に日本人裁判官を当選させることが課題であった。

その機会は、一九五四年と五六年にあった。いずれも戦前に外交官として国際平和の維持を力説し、戦後は最高裁判所裁判官だった栗山茂を候補者とした。

だが、一九五四年は安全保障理事会二票、総会一六票（投票総数六二）の獲得に終わる。一九五六年の選挙は中華民国出身判事の病死による補充選挙だったため、中華人民共和国との冷戦構造のもとで、アメリカが中華民国出身の顧維鈞《こいきん》（ウェリントン・クー）の当選を重視し栗山を支持せず、一度は栗山が総会で顧より多数の票を得たものの、安全保障理事会では顧が栗山を押さえ、結局再度行われた選挙で顧が総会・安全保障理事会双方で多数票を得て当選した。

一九五七年に、顧裁判官の前任者から引き継いだ任期が切れた。日本は栗山をもう一度推そうとしたが、顧再任を強く求めるアメリカが、日本の安全保障理事会における非常任理事国入りを支持する代わりに裁判官立候補の辞退を強く迫り、日本も中国から日本の安全保障理事会入りへの支持を得ることで立候補を辞退していた（朝海大使発藤山大臣宛電信第一七三五号57・7・16、堀内大使発藤山大臣宛電信第一九四号57・7・24、外交記録A）。

田中が立候補した一九六〇年の選挙は、パキスタン出身の判事の退任後であり、このアジア地域枠の獲得を外務省は真剣に考えた。その見通しは以下の通りだった。

現在の安保理事会のメンバーは、英、米、ソ、仏、中、アルゼンチン、エクアドル、チュニス、イタリア、セイロンおよびポーランドであるが、アンダーライン〔傍線〕の国はわが方を支持する可能性がある。総会の見透しはつけ難いが、中南米（20）および西欧（15）の大部分、アジア、アラブ（28）の三分の一程度については支持を期待し得るであろうから、過半数を得る見込みはある。（外交記録B）

一九六〇年三月二日、国際司法裁判所裁判官の候補者指名に関する諮問協議会が開催された。冒頭に山田三良学士院長が、前回の候補だった栗山に辞退を了承させ、「日本の選挙の結果は日本の運命にも関することで、田中氏はわが国からの最高の候補者でこれで当選出来ないようなら致し方ない。外務省が日本の外交官を総動員すれば、結果は予知できぬことであるが、必ず通るものと確信する」との意見を開陳し、最高裁判所長官だった田中を候補とすることを提案し、全員がこれを了承した（外交記録C）。

かなり早い段階から、山田は田中を候補と考えていた。一九五九年八月に、外務省条約局長から、田中、東大法学部教授の横田喜三郎、国連大使の松平康東が候補と言われた際に、「小生は自然法主義の法理学者として欧米諸国に著聞せる学者であり、名裁判官である同君〔田中〕などは我国の提出せる最上の候補者であることを激称し、明年立候補に必要なる時に始めてその意向を確めることは小生が引き受ける」と答え、すぐにその内容を田中宛の書簡（一九五九年八月一八日）に記している（『田中耕太郎関係文書』第二部二（21）36）。

打診を受けた田中は、翌一九六〇年二月、吉田茂元首相に会い、裁判官候補となる決意を伝えた。長官の退任後、「山田三良博士の勧めもあり、ヘーグ国際才〔ママ〕判所判事に立候補致度《いたしたく》」と述べ、岸信介首相・藤山愛一郎外相に推挙してほしいと申し入れている（岸信介宛吉田茂書簡、『吉田茂書翰』）。吉田はこれを岸に伝え、その結果が田中を候補者とした三月の諮問協議会の決定だった。

こうして田中が日本の候補者となった席で、国別裁判官団の一人だった山川端夫は、国連での選挙について次のように檄を飛ばした。

> この問題は人の問題であるよりも政治的の問題であり、これを何んとかせねばならぬ。政治的問題は外務省の方で考慮してもらいたい。私は第一回のＰＣＩＪ〔常設国際司法裁判所〕判事を出すときの条約局長であったが、このときも全員を動員して強力に運動した。
> （外交記録Ｃ）

外務省はすぐに在外公館に対して各国政府へ働きかけるよう指示し、選挙運動を始めた。田中も最高裁判所長官の任期中だったが、一九六〇年八月から九月にかけて北米、南米、ヨーロッパ、北アフリカを回り選挙運動の一端を担った。

国益と結びついた選挙戦

一九六〇年一一月の条約局法規課の読みでは、総会で四六票を予想し、「このほかに投票する可能性のあるもの七カ国程度、第一回投票でインド、パキスタンより優勢であれば第二回以後は支持票が集まるものとみられ有望」と捉えた（外交記録D）。その後一一月一一日にアメリカが正式に日本への支持を伝え、これによって安保理での田中当選の可能性が大きく膨らんだ（松本大使発小坂大臣宛電信第一五〇二号60・11・11）。

一一月一六日に行われた投票は、安保理では、アメリカのフィリップ・ジェサップ一一、ソ連のウラジーミル・コレツキー九、イタリアのガエターノ・モレッリ七、田中は六で、四名が投票総数一一の過半数を得た。総会第一回の投票では、ジェサップ七七、コレツキー六二、田中は三位で五一票を得た。第二回投票で田中は一位の五六票を得た。こうしてジェサップ、コレツキー、田中の当選が確定した。その後安保理・総会で投票が繰り返され、イタリア出身のモレッリ、ペルー出身のホセ・ブスタマンテ・イ・リヴェロも当選する。

このように国益と結びついた選挙戦の末に裁判官は選任される。裁判官は決して出身国の利益代表ではないが、その国のステータス・シンボルの意味を持つ（小田滋『国際法と共に歩んだ六〇年』）。また、出身国に可能な範囲で一定の情報を提供し、裁判官と出身国の外交担当部局の間では密に交流する。とりわけ日本では、戦前の常設国際司法裁判所で裁判官を輩出した国際裁判への貢献の伝統を継承する意味があり、戦後初の成果が田中の当選だった。

とはいえ、当選した裁判官は、当選後は各国から独立した中立的な地位から裁判に従事することを求められる。だが、田中が赴任した国際司法裁判所は、常設国際司法裁判所以来の「ヨーロッパ裁判所」の伝統を色濃く継承し、アジア・アフリカ諸国の独立という風潮には背を向けつつあった。裁判所が保持するはずの独立性は、次第に孤立へと向かっていったのである。

2　国際法律家が集うハーグでの生活

ジェサップとフィッツモーリス

一九六一年二月六日、田中は国際司法裁判所の裁判官に就任した。新裁判官は田中と同時に選任された五裁判官に加え、補欠選挙で当選したイギリス出身のジェラルド・フィッツモーリスだった。

四月五日の会議では、裁判官の互選により所長、副所長が選任され、所長にはポーランド出身のボーダン・ウイニアルスキー、副所長には四回の投票を経てパナマ出身のリカルド・アルファロが選ばれたが（「private meeting 関係資料」『田中耕太郎関係文書』第二部三（19））、実質的には、ジェサップとフィッツモーリスというアメリカ・イギリス出身者が訴訟と司法行政双方で裁判所を主導していく。

彼らが裁判所の中核に立ったのは、戦中からアメリカ・イギリスの国際法実務を担い、ジェサップは国連の設立に、フィッツモーリスは国際司法裁判所の設立に大きく貢献するなど、練達の国際法実務家であったからだ。

ジェサップは、一八九七年に生まれ、コロンビア大学で国際法を専攻する大学研究者のかたわら、法律事務所に所属し早くから国際法実務に親しみ、ローズヴェルト、トルーマン大統領の政権下で外交顧問として活躍した。当時のアチソン国務長官は、ジェサップにふさわしいのは、しばしば蔑《さげす》む言葉として用いられる「外交官」よりも名誉ある「外政家 diplomatist」だとして、その実務手腕を讃えた（"Philip C. Jessup, Diplomatist"）。

ジェサップは常設国際司法裁判所についての一九二九年の著書『アメリカ合衆国と世界法廷（*The United States and the World Court*）』以来、国際司法裁判所への関心はきわめて高かった。裁判官退任後も現役裁判官を激励する手紙を送るなど裁判所の役割について思索を続けた。

フィッツモーリスは、一九〇一年に生まれ、ケンブリッジ大学を卒業後、数年法廷での弁論を担う弁護士であるバリスターを務め、一九二九年よりイギリス政府の法律顧問として、外務省、経済戦争省に所属し、一九四五年に次席法律顧問、五三年に首席法律顧問となった。一九四三年には国際司法裁判所規程の起草委員会のイギリス代表となり、戦後処理を進めるための四六年のパリ会議、五一年のサンフランシスコ講和会議に際し、イギリス代表団の法律顧問として出席する。実務家ではあったものの、多数の学術論文を執筆し、特に『イギリス国際法年報』に国際司法裁判所の判決批評を寄稿し続けた。いずれも厳格な法解釈と、論理前提を明晰に分節化した上で国際法上の法原理を探究する姿勢で一貫していた。

国際法律家としての裁判官

ジェサップもフィッツモーリスも、第二次世界大戦後の国際法秩序の構築に尽力し、国際司法裁判所規程の起草に関与した。こうした国際法実務に精通する国際法の専門家は、国際法律家（international lawyer）と呼ばれる。各国外務省で法律の専門知識を持つ外交官、法律顧問の形で外交実務を補佐する法律専門家、国際裁判での書面を執筆するなど法的な主張を構成する国際法学者、国際裁判における裁判官などがこれにあたる。国際司法裁判所の裁判官は、国際法律家の代表の側面を色濃く持つ。だからこそ二人は、国際法律家の資質と役割に強いこだわりを持っていた。

フィッツモーリスは、各国政府ないしは国際機関に雇用された法律顧問の役割に焦点を当てつつ論じている。一九六五年の書評論文 "Legal Advisers and Foreign Affairs (Review Article)" では、法律顧問としてもっとも望ましいのは、法律家が外交官を兼ねつつ、外交業務以上に法律家としての業務を重視する職員だと主張した。

では、国際法律家の中核に位置する裁判官は、どのように特徴づけられるのだろうか。自らの経験を踏まえてジェサップは、必要な資質として、第一に「自国が関わる際においても客観的な分析と評価を可能とすること」、第二に「辛辣《しんらつ》な気質と荒々しさ」と「過剰な儀礼とへりくだり」との双方を排しバランスを保ち、他の裁判官と個人的な関係を築くことを挙げる(Jessup to John Stevenson, 13 April 1969, JP, II-29)。

国際司法裁判所裁判官の法服をまとう

国際法律家としての裁判官は、司法的解決を図りつつ、場合によっては外交的解決を図ることもある。この局面で政治的中立性が極限まで試される。そこでは個々の裁判官がジェサップの言う資質について、絶えず内省することが欠かせなかった。

田中の資質——「最高の司法官」として

日本のような非西洋諸国で第二次世界大戦の敗戦国の場合、国際法律家の一員となり得るのは、栗山のように外務省条約局経験者か国際法学者であったが、長らく占領下に置かれたため、戦後の国際法秩序の一翼を担えなかった。

田中は国際法律家ではなかったが、ジェサップら国際法律家と通ずる三つの資質を備えていたため、国際司法裁判所でも一定の役割を果たすことができた。

第一に、田中がジェサップときわめて近い視角を持っていたことである。

一九三〇年代の田中の著書『世界法の理論』は、ジェサップが一九五〇年代以降深い関心を寄せて執筆を続けたトランスナショナル・ロー（transnational law／国家を超えた法）とほぼ共通した国内法・国際法の変容を指摘していた。ともに国家間の関係を超え、企業、個人など社会経済的な国境横断的関係が増大しつつあることに着目し、「世界法」あるいはトランスナショナル・ローが成立しつつあると、戦前と戦後という時代を超えて強調したのである。

残された書簡の中で、ジェサップと田中は家族の話題を含めて手紙を交わしている。裁判官時代の長い交流を経て、田中はジェサップの献呈論文集に求められて寄稿している（"Some Observation on Peace, Law, and Human Rights"）。この田中の論文は、トランスナショナル・ローについての古典的な論文として現在でも引用されている。

第二に、元来ドイツの商法学から多くの知見を得ていた田中が、ドイツやフランスなど大陸法の法理論を熟知していたことである。ジェサップやフィッツモーリスは、大陸法とは異なるイギリスで発達した判例法に基礎を置く英米法に慣れ親しんでいたため、大陸法とりわけその国内法が事件と関わる場合、田中の意見に耳を傾けることがあった。

たとえば、バルセロナ・トラクション電力会社事件である。スペインで電力事業を行っていた会社が破産し、その財産がスペイン政府により差し押さえられ売却された後、ベルギーの株主の権利を守るためベルギーがスペインを訴えた事件であり、大陸法系統の会社法の国際法上の意味が問われた案件である。ジェサップは、この事件に取り組む中で、田中から送られた商法についての英文の小論に「触発」されたと書簡で述べている（Jessup to Tanaka, 19 April 1964, JP, III-11）。

ジェサップは、国際司法裁判所裁判官の資質について語る文脈で、ドイツ法の専門家であり、フランス法、イタリア法、英米法についても精通する人物として田中を描いている。国際裁判で必要なのは、法体系の中で関係する部分を他の裁判官に説明する能力だと断りつつも、手続法・実体法双方について国内法、なかんずく私法が評議で重要とも指摘する。この指摘は、田中のような商法学者であり世界法の理論家が、一定の役割を果たしたことを評価していたと言える（Jessup to John Stevenson, 13 April 1969, JP, II-29）。

第三に、司法行政の経験である。

国際司法裁判所の裁判官は、裁判所の運営を担う。裁判は厳格な手続が定められ、もっぱら書面を基に議論が行われる。司法行政については、書面を準備する必要がなく口頭で発言するにとどめる場合も多いが、積極的に発言するかどうかは行政面での実務に関心を持つかどうかで決まる傾向がある。田中の在任時には、裁判所の骨格である規則類の改正が問題となったため、大量の文書が作成されている。最高裁判所長官として一〇年間司法行政に従事していた田中は、国際司法裁判所の内部管理については相応に関わっていた。

ハーグでの生活

国際司法裁判所の建物は「平和宮」と名付けられている。一八九九年のハーグ平和会議により常設仲裁裁判所が設立されたときに、アメリカのカーネギー財団の資金援助で建造されたヨーロッパ風の宮殿建築であり、戦間期の常設国際司法裁判所もここに置かれていた。これにちなんで、平和宮の正門外の広場は「カーネギー広場」という。田中はカーネギー広場に面したアパートを住居とした。住所はアンナ・パブロヴナ通り一一七番。窓の前には木々が生い茂り、葉が落ちた冬には平和宮の正面が見える。妻峰子によれば、一年は次のような風景とともに過ぎていった。

アパートの窓いっぱいに枝を拡げたマロニエの大樹が芽ぶけば春を知り、くろぐろとした葉の間におむすびを積上げたような恰好《かっこう》で白い花をつけるころには向いの平和宮も見えなくなる。風が吹き上げると拡げた葉が踊り子のスカートの裾《すそ》の重なりのような具合にゆれる。そして葉が落ちた黒い枝が網の目のように窓を閉ざし厚い白霧に平和宮が見え隠れする冬、湿って黒い垂直な大樹の下で着ぶくれた労働者が焚《た》いている炎が赤く光るのはまことにブルーゲルの絵そのまゝで、このような四季のうつり変りをくり返す。

（「オランダ生活」『心』一九六九年五月号）

アンナ・パブロヴナ通り117番　対面が平和宮

裁判所が目の前にあることは、七〇代の田中には好都合だった。田中は若い頃のように精力的に街を歩くのではなく、付近をゆっくりと散策することを新たな楽しみとしていた。時に峰子とアパート近くの美術館を訪れ、あるいは森に至る道を散策する生活だった。

当時、国際司法裁判所が抱える案件はさほど多くなかった。閉廷ともなれば、欧米の裁判官たちの多くは自宅へと帰国するため、ハーグではホテル住まいだった。だが、次第に欧米の裁判官たちもアパートに住むようになり、同僚の裁判官の中には田中と同じアパートに住む者も現れた。

ハーグの冬は寒さが厳しく陰鬱な曇天が続く。オランダの狭い国土は北海沿岸の起伏のない平野であり、似たような風景がどこまでも広がる。生活は退屈になりがちである。田中は、裁判所事務局から届けられた資料を読み、事件関係の各国語の文献や、公判の中で当事国が引用した文献から有益なものを読み進め、判決作成の際には、自らの意見を執筆するという生活の中、部屋に置いてあるピアノの練習に取り組んだ。公判が始まり、判決に至る時期は、日曜祭日もない忙しさだったという。

田中が退任する頃に、フランス語で小説を書き始めた長男耕三は「生籬《ラ・エ》〔読みはハーグのフランス語名、漢字はオランダ語名を意訳〕のような片田舎」とハーグの町を登場人物に呼ばせている。フランス人を登場人物とした『諒解』（日本語版）の中で、若い女性の主人公が一家でハーグからパリ近郊に転居する中でのセリフである。パリと比較すると、ハーグは辺境の小都市に過ぎない。それはヨーロッパの中での相場であり、裁判官の中には、国際社会と切り離された小都市に住むことに抵抗を感じる者も少なくなかった。

とはいえ、ハーグは首都ではないが、王宮、議会議事堂などがあり、日本を含めて大使館の所在地であり、政治的意味では実質上首都である。

田中は、「幼少時を四、五の地方の閑静な城下町ですごした後、六十年間を雑踏の東京で暮した私として、ヘーグの生活は昔のなつかしい印象を蘇らしてくれる」と記している。ハーグの市街は幼少期の生活を思い出させる規模だった（「ヘーグの散歩」『中央公論』一九六八年一〇月号）。

日々の生活は裁判の準備が中心で、田中の交友の多くは裁判官らとの家族ぐるみの交際だった。ジェサップとモレッリが田中夫妻と特に親しかった。

ハーグの田中のもとには日本から法律家や外交官たちが訪れた。田中も最後の数年を除き、ほぼ毎年一度は冬に帰国し、主に六本木の国際文化会館に滞在して同心会の「同志」と旧交を温めた。その模様は座談会として雑誌『心』に収録されている。在任後半時に首相だった佐藤栄作とも懇談している。田中夫妻、横田喜三郎最高裁判所長官夫妻と夕食を囲んだ佐藤は、「話はつきず仲々面白い」と感想を日記に記している（66・2・4）。退任時に帰国した田中は、歓迎会が開かれる前に単身で佐藤首相を訪問するが、このときも佐藤は、「わざわざ見え恐縮した。然《しか》し大変に御元気な様に見うけよろこばしい」と珍しく感情のこもった文を日記に書いている（70・5・9）。

在任中田中は、昭和天皇に数度拝謁や進講を行った（『昭和天皇実録』62・8・10、65・1・14）。戦後直後からの交流も長かったためか、昭和天皇は、田中に続いて国際司法裁判所の裁判官となった小田滋が宮中に招かれたときに、田中を懐かしんで「何度も『田中が……』」と話題にしたという（『国際法と共に歩んだ六〇年』）。

カトリック信者の代表者として

田中がハーグに赴任した後の一九六一年三月二二日、『読売新聞』（夕刊）は日本の宗教学界を見渡して、カトリック界では田中が「大御所」だと記している。それより少し前、参議院議員時代の田中について、外交官の西村熊雄は、「日本のカトリック信者の代表者とみられた一時期さえあった」と言う（「田中耕太郎先生を偲ぶ」『人と業績』）。

戦後の田中は、カトリック界の信者の中では、ひときわ目を引く存在だった。一九四九年五月、聖フランシスコ・ザヴィエル来朝四〇〇年を記念し、ギルロイ枢機卿が来日した。全国でミサが開かれる中、最大の行事は西宮球場での大阪教区主催の祝典であった。その中でただ一人祭壇で平信徒として跪《ひざまず》いたのが田中である。日本の信徒代表として随行したのである（「神余正義日記」49・6・5、49・6・6）。

また、一九五一年に信徒使徒職の活動を行うカトリック・アクションの日本団体として、「カトリック・アクション同志会」が設立されるが、田中は会長に就任している。峰子もカトリック・アクション同志会に関わり、ヨーロッパへ視察に出かけている。

一九五二年二月二七日付で、ヴァチカンの大使館に駐在していた金山政英は、田中宛に書簡を出している。その中で金山は、ヴァチカン駐在の外交官の重要な職務は、カトリックに関する国際会議や学会で日本の立場を主張することであり、そのためできるならば大使館員はカトリック・アクション同志会の会員が望ましいと述べ、そのことを外務省側に意見表明してほしいと依頼していた（『田中耕太郎関係文書』第二部二（6））。

この年の六月、田中は作家野上弥生子の依頼で、野上の長男素一の結婚に際し証人を務めた。イタリア文学者の素一は戦争中はイタリアに滞在し、現地で結婚した女性とともに帰国していた。だが日本の生活になじめない女性はヨーロッパに戻り、結婚生活は破綻していた。素一は日本人女性と新たな結婚生活に入るため、ヴァチカン駐在の金山らの仲介で教皇から結婚の許可を得た（「野上彌生子日記」52・6・22）。並行して野上が、田中に結婚の証人を依頼し実現したものだった（野上素一宛「野上彌生子書簡」52・5・17）。母として京都大学文学部助教授となっていた素一を思いやる、野上の気持ちが田中に通じたのであろう。

このように日本のカトリック信者の代表的存在となった田中は、ヴァチカンとの関係を深めていく。一九六〇年八月二六日、国際司法裁判所裁判官候補者として選挙運動のためイタリアに滞在していた田中は、教皇ヨハネ23世との私的謁見の機会を得ている。その後ヨハネ23世は、第二ヴァチカン公会議を開き、二〇世紀の時代にふさわしいカトリックのあり方を求め、世界のカトリックの神学者、司教らを集めて検討を進めた。この公会議から田中は、様々な議論における法制面での助言を求められたが、多忙を理由に断ったという（「国際社会と自然法」『世紀』一九六四年五月号）。また一九六八年四月に、田中はヴァチカンの名誉評議員に任命されている。（読売68・4・7）。国際司法裁判所判事を退任後も、田中は名誉評議員を続けて務めることになる。

3　南西アフリカ事件の衝撃――裁判官たちの亀裂

少ない裁判案件

国際司法裁判所は、複数国間の法的紛争として付託された案件に対して判決を下す。国際機構から法解釈の意見を求められたときには勧告的意見を出す。裁判所の管轄権が争われたときは、管轄権についての判決を下した後、本案に入り、本案の判決を出す。

田中の在任時の国際司法裁判所は、管轄権と本案と二つの判決を出す手続をとった複数の事件を抱えていた。それは、当事国にとっては多大な労力を要し、結論まで長い年月を待たなければならない点で深刻な問題をはらんでいた。とはいえ、当時の国際司法裁判所は、多くの事件を抱えてはいなかった。判決・意見に至ったものは、プレア・ビヘア寺院事件（管轄権、本案）、ある種の国際連合の経費についての勧告的意見、南西アフリカ事件（管轄権、本案）、北部カメルーン事件（管轄権）、北海大陸棚事件（本案）、バルセロナ・トラクション電力会社事件（管轄権、本案）である。

一九六六年の南西アフリカ事件の本案判決後、六七年二月に付託された北海大陸棚事件は六九年二月に本案判決を出し、その後七〇年二月に長大な年数をかけたバルセロナ・トラクション電力会社事件の判決を下した後は案件がない状態だった。一九七〇年七月にナミビア事件の勧告的意見を求められ、七一年六月に意見を出してから、再び案件のない時期となる。

こうした状況を判事たちも十分自覚し、ジェサップとポーランド出身のマンフレート・ラックスは、一九六九年に国連訓練調査研究所に提出する共同ペーパーに、裁判所の付託案件の減少傾向を表にまとめている（Jessup to Lachs, 23 August 1969, JP II-29）。一九四六年から六九年まで一二の勧告的意見と二九の訴訟事件があったのに対して、「1960年―1事件、1961年―2事件、1962年―1事件、1967年―1事件」という案件数だった。

対立する裁判官たち

こうした中、一九六六年に判決を出した南西アフリカ事件は、深刻な衝撃を裁判所に与えた。南西アフリカは、国際連盟時代にイギリスから自治権を得た南アフリカの委任統治領だった。第二次世界大戦後、南アフリカは国際連合のもとでの信託統治への移行を拒否し、実効支配を続け、ここに人種隔離政策であるアパルトヘイトを施行する。その違法性が争われたのである。

アパルトヘイトは、すでに一九五〇年代から国連総会で複数の非難決議、国際司法裁判所で三つの勧告的意見という形で強い非難が表明されていた。南西アフリカ事件は、リベリアとエチオピアが南アフリカを提訴し、一九六二年に管轄権をめぐる判決がまず下された。裁判所は、国際連盟が解散した段階で加盟国だった原告のリベリアとエチオピアに訴訟資格を認め、裁判所の管轄権を認めた。だが、オーストラリア出身のパーシー・スペンダー、フィッツモーリスら七人が反対し、八対七という僅差の判決だった。注目したいのは、管轄権を認めず、原告に厳しい態度をとったスペンダーが、一九六四年に所長となって本案の審理を指揮したことである。

管轄権判決は委任統治との関係で、原告が個別的に権利を有するという点から受理可能性を認めたものであった。だが一九六六年の本案判決は、原告のリベリアとエチオピアが訴訟を提起する適格性から見た場合、それを有する法的利益がないとして請求の受理可能性を否定したのである。ここでは評決が七対七に二分し、最後は所長スペンダーの判断で、原告のリベリアとエチオピアが敗訴した。

反対意見は、顧、田中、ジェサップら七名だった。ジェサップ以外は非西欧諸国出身の裁判官であった。管轄権の問題が再度本案で議論されたとも捉えることができる判決であり、管轄権判決で反対意見を書いたスペンダーが本案ではキャスティング・ヴォートを握り、訴えが斥けられたと受け止められた。

反対意見のうち、ジェサップは手続面と国連における問題解決の歴史の面から解釈を行った点で関心を引き、田中は反アパルトヘイトを法の一般原則、さらには自然法的性格として捉えた点で注目された。

ジェサップは、国際司法裁判所がアパルトヘイトに複数の勧告的意見を蓄積してきた経緯を振り返り、これらを結論的に覆すことは慎重であるべきとする。南アフリカの主張は政治的キャンペーンと反アパルトヘイトに裁判所は関与すべきでないというものであったが、ジェサップは国連総会での繰り返される決議は国際社会の標準を表し、裁判所はそれを考慮せねばならず、政治問題ではなく法律的に解釈可能だとする。よって本案での実質審理をすべきだと主張した。

田中はより抽象的な法原則論を展開する。原告の法的利益を否認した多数意見の論理構成に理論的根拠はないとする。国際連盟の委任統治は、法の歴史的発展における社会的団体法の発展を意味し、概念的・形式主義的解釈ではなく、実態に即した目的論的・社会学的解釈を必要とする。その上で、非差別・非隔離は法の一般原則として各国の国内法・国際法双方に及ぶ。国内法・国際法を超えて普遍性を備えた自然法的性格を持ち、アパルトヘイトはこれに反すると主張したのである。

多くの記録が、この審理の結果、所内で人間関係の亀裂を生んだと指摘した。ジェサップは、「ハーグでの相対的な孤立状態と裁判官の間の個人的な緊張関係」によって、持ち前の情熱を失いかけたという（Oscar Schachter, "Philip Jessup's Life and Ideas"）。また、議事進行をめぐってスペンダーと田中が激しく議論をしたのであろう、と小田滋は、田中からスペンダー批判を直接聞かされて想像している（『国際司法裁判所　増補版』）。裁判官の間で真っ二つに意見が割れた事件であり、部内での議論の応酬も相当に激しかったのである。

判決に表れた内部の対立は、裁判のみならず所内の内部行政にも及んだ。田中は来訪した外交官の藤崎萬里に、フィッツモーリスについて「具合の悪い思いをしている」と語っている（「ヘイグにおける田中耕太郎先生」『法曹』第三二二号）。

そのため、判決後の一九六七年四月五日に行われた所長選挙では、ジェサップとフィッツモーリスという「よりよい候補」は選ばれず、ペルー出身のブスタマンテが選出される。本来ならば所長となるべき二人を支持する陣営間の対立が激しく、第三の候補が所長となったのである。

所長選挙の会議は、フィッツモーリスの議事進行のもとで行われており、第一回の投票でブスタマンテが一〇票、ジェサップが四票だった。ジェサップは自分の四票のうち一票は田中と記しており、田中との絆がうかがえる（"SALLE BOL 1967," JP, II-29）。

副所長の投票は考慮を要するため翌日に延ばすことが提案され、延長を承認したのが一二票であったことから、裁判官たちにとって所長選挙の結果を受け入れるのに時間がかかったことがうかがえる。翌日の投票結果では九票を得たソ連出身のコレツキーが副所長に就任する。なお、のちに触れるが、田中は規則改正の準備作業で、所長・副所長の選挙は別の日とすべきだとのメモをまとめており、このときから彼の一貫した意見であった（「Rules 改正の要點（田中）」『田中耕太郎関係文書』第二部三（8））。

所外では、メディアや学界からの批判が激しかった。ジェサップのもとには国際法学者や本件に関心を寄せる各国の法律家から反対意見を支持する書簡が多数届いている（Folder, "Southwest Africa case," JP, II-30）。国際社会では、アフリカ諸国が憤激し、一九六六年の国連総会では、直接にはスペンダーとポーランド出身の前所長ウィニアルスキー、さらには多数意見を実質的に起草したと目されたフィッツモーリスを暗示する非難がいくつかの国の代表から出された。以後、アジア・アフリカ諸国は問題解決の場を国連総会に狙い定め、国際司法裁判所は期待されなくなる。

すでに一九六六年の国連総会は、南アフリカの委任統治の終了を宣言し、六八年の総会は南西アフリカを「ナミビア」と改め、国連ナミビア委員会の統治の下に置くことを決議していた。一九七〇年には安全保障理事会が、委任統治の終了後、南アフリカがナミビアに関してとった行動はすべて無効とする決議を採択した。

南西アフリカ事件は、アジア・アフリカの脱植民地化が進み、国連加盟国の中で欧米の比重が低下する中、国際司法裁判所による問題解決能力が試されたものだった。南アフリカに有利な判決によって、国際司法裁判所は法的に厳密な解釈によって、新しい問題にはきわめて慎重に対応する保守的な路線を選択した。

しかし、多方面からの批判に国際司法裁判所は沈黙していたわけではない。これを機会に、国連総会を含めた場での存在感を高め、事務総長、加盟国代表団との外交交渉も辞さない方針を採る。それが、裁判所移転問題とそれに伴う規程改正の提案であり、裁判所規則の全面改正作業の開始だった。

この作業は、対内的には亀裂の入った裁判官たちをもう一度協力させ結びつける。対外的には、裁判では数少ない案件に集中しつつ、能動的な外交交渉を通じて国連の中で発言権を強めることで、その独立性を保持する戦略となっていく。

4 裁判官の紐帯——独立維持のために

決議・規則・規程の改正問題の浮上

国連総会で国際司法裁判所を非難する発言が加盟国から相次いだことは、裁判官たちにとって衝撃だった。裁判官たちは、あらためて亀裂を乗り越えて協力しようとし始める。主導したのは一時対立していたジェサップとフィッツモーリスである。最高裁判所長官として司法部を指揮した田中は、こうした司法行政の課題について彼らと歩調を合わせ、できる限りの検討事項について意見を出すことで応えようとした。

一九六七年四月に所長に選出されたブスタマンテは、裁判所の手続についての再検討と、規程の改正の余地とについて、裁判官たちに意見を求めた。ここから改正作業が本格化した。

国際司法裁判所の基本的な制度規範は、国際司法裁判所規程であり、改正には国連総会で審議した上で全加盟国の三分の二の賛成が必要である。続く下位規範が裁判所規則であり、裁判所が自ら決定する。さらに手続についての細目は、内部司法手続決議で規定されている。この三層の規範構造が全体として改革の対象となった。

まず一九六八年に内部司法手続決議について改正決議が行われた。次に裁判所規則については六七年五月から裁判所規則改正委員会が設置され、ここで条文全体を徹底的に検討した上で、一九六八年にまったく新しい規則案となる第一草稿を作成し、裁判官の間で議論を重ねた。既存の裁判所規則と新しく提案された裁判所規則双方について、田中はほとんどすべての条文に意見を寄せている。最高裁判所長官として司法行政の確立を目指した田中は、この裁判所規則改正では準備を重ね、文書で意見を提示することで存在感を発揮していた。

そして国際司法裁判所規程については、第六九条により、総会・安保理で加盟国から提起された改正案が審議される。つまり国連全体を巻き込んだ政治的交渉のもとで検討される。南西アフリカ事件以後、この改正について国連総会、各国の国際法学会・法曹界で多様に問題提起されていたため、加盟国から改革を突きつけられる可能性があり、国際司法裁判所としては独立の危機にさらされていた。ジェサップは、第七〇条に基づいて終始裁判所の側から、内容は何であれ能動的に改正案を提起すべきと唱えていく（Jessup to Richard A. Falk, 10 April 1967, JP, II-29）。

裁判所が着目したのは、「裁判所の所在地は、ハーグとする（established; fixée）」と定めた規程第二二条と、これに関係する第二三、二八条だった。ハーグ外に裁判所を置く選択肢を可能にすべきという問題を提起し、積極的に総会の議題とするよう事務総長に働きかけるとともに、ハーグにとどまる場合に備えてすでに裁判所棟の改築について意見を交換していたオランダ政府にも自らの主張を突きつけ、譲歩を迫ろうとしたのである。

このように、裁判所は矢継ぎ早に決議・規則・規程の全面的検討作業に入った。いずれも裁判所設立時に常設国際司法裁判所の規則類を引き継いだままであり、アジア・アフリカ諸国の相次ぐ独立と国連加盟によって加盟国の構成が大きく変化する中、より柔軟かつ精密に審理を進める必要に迫られていたのである（Luns to the President, Doc. 42, 18 July 1969, JP III-13-3）。

最初の意思表明は、一九六七年六月一八日にニューヨークで行われたウ・タント事務総長とブスタマンテ所長との会談だった。席上所長は「独立の原理が無視されるならば、裁判という営みは終わりを迎えてしまう。裁判所の決定に伴う権威と拘束力は終わりを迎えてしまう。これはきわめて重要であり、また裁判所をして最終的に沈黙を破り、能動的な態度をとらしめるものなのである」と主張した（Transcription of Interpretation Notes of Conversation between the President of the Court and the Secretary-General, Doc.2, JP III-13-3）。以後両者の会談は重ねられていく。

事務総長との交渉と並行して、国際司法裁判所は裁判所の移転を主張し始める。オランダ政府は代替地を提案していたが国際司法裁判所はこれに不満だった。ハーグからの移転を希望する裁判官が一定数おり、受け入れを働きかける加盟国もあったが、移転を主張することで、裁判所棟改修をめぐってオランダ政府の譲歩を引き出すことを狙っていた。

先述したように国際司法裁判所規程改正には、国連総会での審議が前提となる。国際司法裁判所は、所長以下の裁判官の代表が総会に出席することを目指した。一九六七年九月に所長らは国連総会、法律問題を扱う第六委員会に出席し、事務総長との間で六月に引き続いてもう一度打ち合わせを行った。さらに、総会、安全保障理事会、経済社会理事会、信託統治理事会、総会第一～六委員会の議長と会見し、国連への敬意を明確に表明し、政治的解決ではなく法的解決を求める裁判所の立場に理解を求めた。結果として所長は、前年の厳しい雰囲気が和らいだことから出席は成功だったとまとめた（"The President's Report on the Mission and on the Activities of Other Members of the Court during the Second Session of the United Nations General Assembly," 20 March 1968, JP, III-13-3）。以後、裁判官たちは、国連総会で報告を行うことを慣例とした。

ところが、この際に問題となったのが、食事を伴う行事での裁判官たちの席次が各国代表団より低いことだった。オランダでは裁判官の出席する行事が多いため、まずオランダ政府に申し入れ、一九六九年五月に国連事務局にも裁判所の席次の位置づけを問題視して変更を迫った。

こうして論点は、国際司法裁判所規程改正、裁判所移転、席次改正の三点となった。

田中は、国連本部との交渉が始まる直前の一九六七年五月、各裁判官が出した意見書の中では、とりわけことの進み具合に懐疑的だった。国際司法裁判所規程改正の実現可能性は低いが、当面の裁判所の建物については改善点を検討すべきであり、新しい庁舎を計画する際には、世界中の裁判所庁舎を広く比較すべきと指摘していた。日本の最高裁判所の新築計画でも、世界の裁判所棟を参考にしたことにも併せて触れている（"Note de M. Tanaka sur les nouvelles installations de la Cour"『田中耕太郎関係文書（東京帝国大学関係）』２９９）。

田中は、「自分は一度も各国大使と同席の食事に招かれたことがない」ともらした（前出『国際司法裁判所　増補版』）。かつては双方で「招《よ》んだり招ばれたり」という関係もあったが（松本重治「葡萄酒と安楽椅子」『人と業績』）、席次の扱いが問題となり、着席での食事会は避けられたのである（「ヘーグだより」『心』一九六四年一一月号）。

一九六九年六月二〇日に事務総長は、国際司法裁判所提案の裁判所規程改正案を国連総会の議題に含めることを要求する文書を発した。裁判所の提示した第二二条改正案は、裁判所の所在地をハーグか「裁判所の提案にもとづきいかなるときでも総会の認める他の地」とするというものだった。ただし、国際司法裁判所は具体的な移転計画を意図したものではなく、国連の機関として所在地を自ら定める権限があるという主張を押し出した。

しかし結局、国連事務局は席次について裁判所の申し入れを許容せず、また国連総会も第二二条改正を案件とせず次期に先送りした。まずは、オランダ政府と国際司法裁判所との交渉に委ねたのである。

のちのこととなるが、席次については一九七一年にオランダ政府は国際司法裁判所の要求に応じ、所長を外交団の長の上席とすることを決定して通知した。

国際司法裁判所規程改正は、一九七〇年以降、継続的に総会で検討事項ごとに各国の主張が取り上げられたが、新棟の建設が着手された一九七六年には国連総会は規程改正を議題から外す。一九七八年の新棟完成後、裁判官の執務室はそちらに移転した。

こうして、南西アフリカ事件判決の後、国際司法裁判所は、国連の他機関との距離を縮める措置をとった。それは裁判所の所在を規定した規程第二二条の改正を検討することで、事務総長、オランダ政府の関係でより優位に立とうとし、各国代表団と本国政府にその存在を印象づけようとするものだった。結局、最終的結論は当初から田中が見越していたように、田中やジェサップが在任した一九七〇年二月までには解決せず、席次の改革で終結したと言える。

とはいえ、対外的に能動的な姿勢をとり、国連の諸機関・加盟国と密接に関わるからこそ、国際司法裁判所の威信と独立性が先鋭に意識された。総会への出席、席次という外交上の問題を手段として、国際司法裁判所として自己主張を続けることで、国連の中に確固とした位置づけを得ようとしたのである。

重く残る南西アフリカ事件

他方で司法権の独立を内部から固める裁判所規則改正は、一九六八年の第一報告では、個々の条文の総点検に加えて、事務局など従来章として独立していなかった項目にも新しく章を設けていた。各条文は全裁判官に回覧された。先述の通り、田中は条文の点検の際に、ほぼすべてについて意見を寄せている。裁判所の外交については、七〇代後半と高齢であり国際法律家ではない田中はほとんど関与していないが、訴訟審理と規則改正については積極的に加わった。もっとも、北海大陸棚事件とバルセロナ・トラクション電力会社事件の法廷に集中するため、国際司法裁判所はいったん裁判所規則改正作業を中止した。一九七〇年五月、ジェサップと田中の退任後の新しい判事を加えたときに作業は再開され、七二年の一部改正後、七八年に当初の多くの議論を取り入れて全面改正され、現在に至っている。

いずれにせよ、国際司法裁判所が自己主張を続けるには、裁判官の強い結びつきが不可欠であった。それを表すものとして、ジェサップとラックスの絆をあげておきたい。一九七八年の裁判所規則改正時に所長だったラックスは、所長退任後の七九年に改正過程について詳細に論じた一文を準備していることをジェサップに伝え、公刊後に送ると告げた。このときのラックスの書簡には「個別意見・反対意見に関して、私は全くあなたの考えと同じです。あの〔南西アフリカ〕事件の判決が下されてから一三年経ちましたが、今でもその影響は重くのしかかっています」とある。それはジェサップの書簡に対する返信の一文であり、元の書簡でジェサップは、次のように記していた。

私は個別意見・反対意見という実践へのあなたの分析に特別の関心を寄せていますが、それをあなたは評価してくれるでしょう。私がエチオピア・リベリア対南アフリカの事件で、一部の人たちから個別意見の側に立つ極端な考えをとったと思われていることをよくご存じですね。アンドレ〔・グロ判事〕はまだ私が間違っていたと考えているようです。国連が——あなたの助力で——世界の誰に対しても同じ扱いをするようになるまでは、おそらく見解の不一致はそのまま続くでしょう。

(Jessup to Lachs, 28 September 1979, JP, III-15-5)

当時裁判所内では、所長経験者が所内の意思決定過程を対外的に公表することへの批判もあった（前出『国際法と共に歩んだ六〇年』）。だが、二人が交わした一九七九年の書簡の中で共有していたのは、一三年もの時が経っていたにもかかわらず、なお重く残る南西アフリカ事件の衝撃だった。そのゆえに、批判があることを承知の上で、ラックスは規則改正の経緯を公にしたのである。

絆の輪の中にいた田中

この絆は、一時は対立したジェサップとフィッツモーリスの間にも広がろうとしていた。ジェサップは、一九六九年一二月一六日という退任が迫りつつあった日付でフィッツモーリス宛の手紙を残している。そこでは、裁判所の許可を得て関係資料を退任後に持ち帰った上で、裁判所規則改正作業の終了後、二人が残した貴重な意見をすべて公開することを呼びかけていた (**Jessup to Fitzmaurice, 16/12/69, JP, II-29**)。少なくとも裁判所内の議論を必要に応じて公開することに積極的なグループは、国際司法裁判所の危機の時代に存在していた。

田中も特にジェサップを介してここに連なっていた。所長選挙でジェサップに投票し、退任後も真情あふれる書簡を交換していた田中は、現在は東京大学大学院法学政治学研究科附属近代日本法政史料センター原資料部の『田中耕太郎関係文書』にあるように資料を残したが、それもジェサップらと意見を共有していたからである。

特に南西アフリカ事件については、田中にもこだわりがあった。退任直前に判決が出されたバルセロナ・トラクション電力会社事件では、田中はその個別意見の冒頭で南西アフリカ事件をあえて取り上げている。南西アフリカ事件もバルセロナ・トラクション電力会社事件も、ともに裁判所の管轄権を認める第一判決を経て、本案を審理する第二判決では原告の当事者としての適格性を否定し、本体部分について判断しなかった案件だった。

そのとき議論されたのは、多数意見の枠組みを超えて少数意見が論点を出すべきではないという見解の是非である。南西アフリカ事件での田中は、反対意見の中で本案に関わる論点について触れたところ、スペンダー所長から多数意見の取り上げない論点を少数意見で論じるべきではないと非難を受けている。

バルセロナ・トラクション電力会社事件で、田中は個別意見の中でスペンダーの名前をあらためてあげ、その制限的な姿勢を強く批判した。その上で、自身の論理構成の中で必要であるとして、多数意見が取り上げなかった先決的抗弁の論点についてわざわざ議論している。こうした田中の姿勢は、判決をめぐる評議を通じジェサップも支持していた。判決に先立つ一九六九年一一月にジェサップは、かつてのノルウェー公債事件で当時の有力な裁判官ハーシュ・ラウターパクトの個別意見が判決を超えた論点を論じていたことをあげ、六一年のプレア・ビヘア寺院事件管轄権判決での田中とフィッツモーリスの共同宣言、六四年のバルセロナ・トラクション電力会社事件管轄判決での田中の個別意見を引用しつつ、裁判官は裁判所本来の役割に立ち返るべきことを主張している。以前の田中の主張を尊重しながら、田中が考える判決の範囲について、その論理構成を補強しようとしていた（“Views on Scope and Content of Judgment”『田中耕太郎関係文書』三（11）20）。

一九六〇年代から七〇年代は、国際司法裁判所にとってきわめて厳しい時代であった。だが一群の裁判官たちの間で、形式主義的な法の解釈を超えた国際正義への信念と紐帯が強く広がっていた。バルセロナ・トラクション電力会社事件判決の評価も芳しくなく、以後も訴訟のない時代を国際司法裁判所は迎える。だからこそ、裁判所規則改正作業は続けられ、田中やジェサップら退任した裁判官たちは当時の記録を残していった。そうした努力の後、次第に国際司法裁判所の付託案件も増え、裁判所は危機を脱したのである。

おわりに

死去に際して

一九七〇年二月に国際司法裁判所での任務を終えた田中は帰国した。日本工業倶楽部で佐藤栄作首相の出席する帰朝歓迎会が開かれ（『佐藤榮作日記』70・6・2）、まもなく八〇歳となる身とはいえ、当初の田中は気力も十分だった。

だが一九七二年の『続世界法の理論』刊行後、衰えが始まっていく。最高裁判所・国際司法裁判所での二〇年の激務が続いたからか、視力が低下し始め、本を読むことができなくなっていった。歩行も困難になり、一九七三年夏から入院と自宅での病臥《びょうが》が続いた。病床を訪れた近しい人たちへの話しぶりも徐々に変わった。

自宅で療養していたときには、「退屈は精神活動のある証拠で僕は退屈もしない」と口にしていた（伊原弥生「田中さんのこと」『人と業績』）。だが一九七四年の入院時には「自分の我がままが一番辛いです」ともらしていた（高嶺貞子「落日のかがやき　田中耕太郎先生の思い出」『人と業績』）。その劇的な身振りは、やはり病中でも健在だったというべきだろうか。一九七四年三月一日、ついに田中は聖母病院で死を迎えた。

一九七四年三月四日、東京カテドラル聖マリア大聖堂で行われた葬儀には、南原繁が学士院長として弔辞《ちょうじ》を述べた。すでに病重い南原は、若い頃からの友人だとして、周囲の制止を聞かずに自ら原稿を練り上げ、丸山真男らに抱えられるようにして参列したという（『丸山眞男回顧談　上』）。その数ヵ月前、入院していた南原は、同僚だった我妻栄の死去を受けて、やはり学士院長として自ら弔辞を書いている。我妻への弔辞が同僚への追悼であったのに対して、田中に対する弔辞では、学生時代を語り、回顧の感情を色濃くにじませた。我妻・田中への言葉の末尾は、ともに「私としては今暫《しばら》くのお別れの言葉と致します」という結びだった。それらは参列者への別れの言葉でもあり、南原は田中の死から二ヵ月後に死去する。

一九七四年七月二五日、国際司法裁判所では、イギリス・アイスランド漁業管轄権事件の判決言渡しの日、冒頭に裁判長ラックスから田中への弔辞が述べられたという（小田滋「ヘーグ時代以後の田中先生」『人と業績』）。世界法の理論を構築した田中は、右翼の攻撃を受けつつも、国際人として戦時期の国際文化論の自国中心的な姿勢を強く批判した。日本におけるカトリック界の中心的な存在として、また参議院議員・最高裁判所長官として国際交流に尽力した。その集大成が国際司法裁判所裁判官であった。元来自らの信念を強烈に主張する田中は、国際司法裁判所では法の倫理性を判決に注ぎ込み、新しい法解釈を提示した。技術的規範の創造として、裁判所の規則類の改正にも力を尽くした。アメリカ出身の同僚ジェサップと信頼関係を作り上げ、革新的な判決に共鳴した。高齢でありながら所内でも一定の発言力を得ていたのである。

乾燥状態の信仰

妻峰子は、追悼集の中で田中の信仰について、「感情的に信心深いタイプ」ではなく、「かわいた状態で、信仰に非常に素直であったということは、ずいぶん心の貧しいことではないかと思います」と振り返る（「亡き夫をしのんで」『人と業績』）。

かつて田中の友人で外交官だった柳沢健を交えた鼎談の中で、このことを峰子は取り上げており、一貫した田中への評価だった。「本当の信仰心は信仰生活」であると田中と柳沢に語った峰子は、意志の有り様次第で「乾燥状態」に陥ることがあったとしても、「信仰生活そのものには、何の揺ぎもない筈」だと言明していた（『生きて来た道』）。

「乾燥状態」については、田中夫妻の友人吉満義彦の遺著で、この鼎談が行われた時期に出版された『神秘主義と現代』に詳しく描かれている。それは一六世紀の神秘主義者である十字架の聖ヨハネが、著書『カルメル山登攀《とうはん》』や『暗夜』で説く信仰の初歩の段階で魂が迷う様を指す。感覚に任せて能動的に神を求めて瞑想するとき、魂は悲惨の中に陥る。人はそこから段階を経て、聖霊の力によって信仰に導かれるというのである。

峰子の見る田中は、信仰の入り口の段階で、悩みながら信仰を深めようとし続けていた。その峰子は、田中から見れば「本来修道女になるべき者が誤って主婦になったとも見られないことはない」女性であり（前出「妻の肖像」）、一二世紀頃に発足し、十字架の聖ヨハネも属した修道会であるカルメル会の日本招請に尽力していた。田中の死後、東京カルメル会修道院に入り、のちに山口のカルメル会修道院での信仰生活に転じた。十字架の聖ヨハネへの関心を最晩年まで持続させたのである。

類似点の直観的発見

田中の知的な資質を捉えていたのは、作家となった長男耕三の卓抜な観察である。松川事件の少数意見で死刑の原審維持を説いた田中には、多くの非難が浴びせられたが、耕三による温かいエッセイ「父の一面」も新聞紙上に掲載された。それは、つねに異質な事物に類比性を求めてやまない田中の姿である。

父は自分は記憶が悪いという。しかし、こういいながら実はむしろ得意なのだ。ここに父のドン・キホーテ的な一面がある。父にとっていい頭とは二つの問題の類似点を直観的に発見することのできる頭である。父の思考形式は、つねに一つの対象物をじっと見つめ、それの他のものとの関係を追求するという形をとる。こうして父は芸術のなかにでも学問のなかにでも、知人の顔のなかにと同じように人の気づかない、おもいがけない類似を見いだしてほくそえむ。……（中略）……父の発見する類似は学問にかぎらない。ときには、モーツァルトの音楽には、うさぎのようなにおいがする、などとたわいのないことをいう。また人の顔や感じに、ばかげたあだ名をつける。〝病気のナポレオン〟だとか〝山羊〟だとか〝はまぐり〟だとかいった具合である。そして自分自身は、情熱だけでなく、横顔までがダンテの肖像に似ているとうぬぼれている。　（朝日59・11・15）

「類似点を直観的に発見」することに、日常生活の楽しみを見出していた田中は、研究者としての出発点から、法学にも大学にも囚われない思考を重ねた。そのため、文部省・参議院・最高裁判所・国際司法裁判所という「象牙の塔」に籠《こ》もりながらも、つねに視野を国際的に広く開き、そこに永住はしなかった。この独自の資質は、独立を求める「理論的統一」であったと同時に、多方面の事物に関心を向けた田中の内面を統合する力である。

愛犬を連れ朝の散歩をする田中と息子耕三，1950年３月

もう一面で興味深いのは、こうした「象牙の塔」の中で、田中の振る舞いが不思議

なほど際立っていたことである。田中は、その風貌や物腰から一見生真面目な研究者に見えるが、他面で文学を愛好し、ベートーヴェンを好んだ芸術愛好家として、劇的に振る舞うことを意識していた。

もっとも、親族にも交友にも大学の同僚にも才人が多い中で、田中はやや不器用に鍛練を重ねる性格の持ち主だった。才気溢れる都会人と比べ九州出身の田中は、一方的見解に固執する頑なな人物と映る。同時代からは、たびたびこの頑なさが批判された。

しかし、田中は人間観察が鋭い上に、理論と理論の間の対極性（polarity）にきわめて敏感であり、人間像を対極性の中に言い当てる能力を持っていた。厳格で頑なに見えながら、周囲を観察する田中は、否定し尽くすわけではなく、批判しながら、批判の対象を受け入れていく。そのため、時として田中の表現と態度選択があたかも舞台上の演技とばかりに際立った。

劇的な振る舞い、抑制的な権力行使

田中の論敵に対する姿勢は、まずその中に何を拒否するかを明確に見定めていたことにある。そのため、拒否する対象への批判の舌鋒は厳しく、全面的な否定と周囲は受け取りがちであった。だが田中が決定的に否定するのは、状況に迎合し便乗する人物だった。むしろ田中は、信念の強い論敵には、その信念の中核にある価値を否定し尽くしたように見えながら、信念の強さそのものは評価する。それが田中の対極性との接し方だった。

田中は論敵を強烈に批判しながらも、柔らかく心の有り様を讃える姿勢で接した。プロテスタントとしての南原繁との関係がそうであり、共産党員でも志賀義雄とは親交を保ち続け、戦前には峰子を通じて獄中の志賀に差し入れを届けていた（志賀義雄「四十年の不思議なつきあい」『人と業績』）。

田中が属していた大学、戦後初期の文部省、参議院、最高裁判所、国際司法裁判所は、おおむね同格の同僚が多数存在する組織だった。そのため、田中個人の考えがそのまま組織の見解とはならなかった。田中が強力に主張するときにも、反対意見が出て、全体としてバランスがとられることが多かった。田中は、明快に自らの価値に基づいて意見を提示しつつも、状況に応じた対応をとり、最終的にその見解は組織内で反対意見と調停されていく。それが、田中の独立性確保の振る舞いであった。方針を明確に発するため、その限りで田中の存在そのものが劇的となる。劇的であればこそ、反対意見との間でより真摯な調停が目に見える形で進む。舞台裏での密かな手打ちによる解決とは無縁なのである。

こうした振る舞いは、一つの組織から他の組織へと転用が可能である。個々の細部の判断よりも、大局を見渡す視点が重要となるからである。戦後の制度の揺籃期に田中が繰り返し起用されたのも、この資質に基づいていた。だからこそ、それぞれの組織が危機にありながら、田中によるリーダーシップは論敵との対決をはらみつつ、最終的には制度の定着を果たしていく。

こうした田中の判断は、意外なほど権力の行使には限定的だった。もちろん、平賀粛学や中央教職員適格審査におけるいくつかの事例など、大胆な判断を辞さなかったときもある。それもごく限られた場合だった。裁判官たちのコンセンサスを重視した砂川事件の統治行為論の判決は、他の機関の判断に裁判所は介入せず、他からも介入させまいとする抑制的な権力行使の表れだった。

しかし、松川事件のように下級審の判断を尊重する田中の少数意見は、被告人に対して死刑という刑罰を容認することを意味し、むしろ田中は峻厳な権力行使を好むように見られていく。「世間の雑音」発言は、高飛車な長官発言と受け取られたが、歴史が浅い裁判所と運動団体からの糾弾に怯《ひる》みがちな裁判官の弱さを田中が守ろうとする強い意志の表れだった。自由な裁判批判の結果として弱い裁判官たちが萎縮する事態が起こったとき、そこから波及する様々な政治的効果を考えた上で裁判所は何をすべきか――田中の振る舞いはその一つの応答である。この時期、被告人を擁護すれば、制度が壊れるに任せることになりかねないという状況の中で、態度決定を最高裁判所が迫られていたことは、強調されてしかるべきである。

公務員は強靱な精神の持ち主ではないし、公的な制度だからといってさほど頑強ではない。とりわけ戦後の田中が関わった制度は、おおむね発足時の脆弱さを抱えていた。制度を強靱にしなければ、市民の権利を守ることすらままならない。だが、単純に制度を強化するだけでは、ただただ市民の声への感度の鈍い制度となる可能性もある。長い歴史を振り返るならば、振り子のように揺れる制度を手懐《てなず》けるには、市民社会の熟度が試されるのである。

独立性の軸――日本国憲法の自然法的性格

田中は、しばしば戦後直後の教育勅語への固執、一九五二年から五三年にかけて『裁判所時報』で激しく共産主義を論難したときとを重ねて捉えられ、一貫して反動的な反共産主義者と見なされてきた。とりわけ最高裁判所長官時代の一九五〇年から五三年の田中の共産主義との対決姿勢は激烈であり、かつて大学人であったとすればより穏当な姿勢を取れなかったかと思われる面がある。田中は、自らの信念、占領軍のレッド・パージ肯定、法廷闘争に対する非難があいまって、激烈に闘う政治的な長官として登場する。しかし、独立による占領軍の不在、共産党の路線転換、国会からの司法権への政治介入という状況に対しては、闘い方が変わる。反共産主義の信念は変わらずとも、闘う姿勢はより穏当になり、むしろ論理を駆使したマス・メディアでの論戦となっていく。

戦後の田中は、自ら成立までの一翼を担った日本国憲法と教育基本法の擁護者でもあった。そのため、当時の憲法改正論者の占領改革への反動としての復古主義を厳しく批判し続ける。日本国憲法と教育基本法の制定を「革命」的な変化と受け入れることによって、田中は反動と一線を画した。

戦前にファシズムとマルクス主義双方を否定した田中は、戦後においては反共産主義であり、反復古主義の論陣を張った。そのときの拠り所こそ、日本国憲法と教育基本法だった。とりわけ最高裁判所長官の任期後半は、憲法改正を政治的信念とする鳩山一郎首相・岸信介首相と対峙し、田中は憲法擁護についての慎重な言い回しの奥に、鳩山・岸らが想定した全面的な憲法改正構想を否定する含みを持たせていた。

その延長に国際司法裁判所時代がある。共産主義も復古主義も法律問題に直接関わらない国際法廷では、田中は、人種差別を克服すべきとして法的安定性よりは法による変革を目指す意見を判決に付した。こうした幅の中での振る舞いこそが、独立機関の独立性を決定づけたのである。

ある独立した機関や集団があり、そこに属する人々の自律的な意思で様々な要求を調停しつつ、自らを外へ開放させていくとき、はたしてその機関や集団は外からの不当な介入を受けることなく、独立を守ることができるのであろうか。

田中が自ら示した軌跡は、苦渋に満ちた組織の制度化の過程であった。では、制度化を遂げた組織を、次の局面でどう新たに再構築し、関わる人々はどう振る舞い、人々はこれにどう関わるか。それが第二次世界大戦後の組織を受け継いだ二一世紀現在の課題である。田中の軌跡は、この課題に向き合うための前提の一つである。

あとがき

田中耕太郎という人物の人生に沿って、「制度の独立」の意義を問い直すという本書のモチーフを最後に解きほぐして締めくくりとしたい。

田中への評価は生前から現在に至るまで毀《き》誉《よ》褒《ほう》貶《へん》激しく、特にその反共産主義から田中をことさらに批判する論調は今なお強い。そのため本書は、田中の全体像を描こうと努めた。田中という人物の足跡を、田中の振る舞いとその属する制度の運命とを重ねつつ叙述し、田中の思想と行動がどのように制度の独立を支えたかを明らかにしようとした。田中の回顧が示すように、田中自身それを強烈に意識していたからである。

本書が政治史の叙述となった理由がそこにある。田中が主として属した制度は、どれもが大きく動揺していた。動揺を生んだ制度は、その趣旨からして、独立性・自律性を守るために、決定に関わる根幹的な資料を公開しない。政治史の手法で関連する資料の解釈を繰り返して、決定そのものに接近することで、ようやく制度の骨格と輪郭が浮かび上がる。その中に田中を位置づけることにより、田中の意図と行動と役割が明らかとなる。

どのような制度も、ほぼ対等の同僚の間で議論が交わされて、制度としての決定に至る。田中と周囲は多くの場合、強い信頼で結ばれていく。したがって、田中の評伝でありながら、田中を含め、独立を目指す制度をめぐる群像の歴史となる。思想形成とその熟成に焦点を当てる思想史からの評伝とは、異なるものとなる。

田中が意識した「制度の独立」とは、近代以降の日本では、十分に理解されないまま、現在に至っている。司法権の独立が絶えず脅かされ、日本銀行は長らく政府の政策に従属し、大学の自治も危機にさらされてきた。司法権、国際裁判、金融、大学、教育のどれもが制度趣旨も機能も大きく異なり、それらに関わる専門家も分野を異にし、研究交流はほとんどなく割拠してきた。各個バラバラに理解されてきたのである。

欧米諸国の公的な諸制度が、多数の独立機関からなり、その一つとして政府と議会があることが当然とされるのと比べ、日本の公的な制度は、内閣と国会に権力が集中したまま活性化せず、そのため政治は喘《あえ》いでいる。

冷戦終結後、様々な組織がゆるやかに連帯し全体として秩序をなすことを「ガヴァナンス」と捉える有力な見方が現れた。だが、組織の独立性が自明視されている欧米諸国ならまだしも、日本のように組織の独立性が脆弱な状況の下で、政治を「ガヴァナンス」と捉えると、かえって独立性の弱さを隠蔽してしまう。今こそ、独立機関の独立性を真剣に考えるときが来ている。

そのために必要なのは、個別の制度の共通点を捉えることであり、田中耕太郎という人物はその格好の素材なのである。逆に言えば、田中が忘れられていることに、日本社会で独立性を問い直す力の貧弱さが見て取れるともいえる。

しかし、田中の属した制度それぞれの専門知が大きく異なるため、それらを越えて田中の全体像を描くことはきわめて困難である。筆者は、元来行政学が専門分野であり、およそ行政に関わる問題であれば政策分野を問わず研究することに努めてきた。その経験を活用することによって、田中の関わる様々な分野を越境しながら分析を試みた。大学の学部長職とは「大学行政」と呼ばれ、文部省での教育制度の立案は「教育行政」であり、最高裁判所長官の大きな職務は「司法行政」である。田中の言うとおり、これらの自治に関する「理論的統一」とは、大学行政・教育行政・司法行政の間の制度形成にまつわる「理論的統一」でもある。つまり、田中耕太郎という人物に総体として接近するには、行政学の学知が不可欠である。

そもそも行政は情報の秘匿を特質としている。それを研究者という部外者が理解し、分析するのはきわめて困難である。その克服のために、行政学者は、インタビューやデータ解析を繰り返してきた。筆者の場合は、歴史学的行政学を研究の柱としている。そのために、資料収集を重ね、オーラル・ヒストリーを繰り返し、秘匿された行政内部の場の特質を触知しようとしてきた。この手法は、資料の公開に後ろ向きな独立性ある組織に有効である。事実、文部省・参議院時代の田中の分析は、行政学研究の延長で進めることができた。

だが、田中の生涯全体を見渡すには、やはりそれだけでは不十分である。行政学者は、ほぼ行政機関しか扱わないが、田中を通じて「独立性」の意味を考えるには、東京大学法学部と大学本部、最高裁判所、国際司法裁判所それぞれについて、「場」の特性を触知する方法が必要なのである。こうした一見行政とは無縁の機関における「行政」を取り出し、それが機関の作用とどのような関係を持ち、全体としてどのように独立性の維持に努めているかを探らなければならない。そうだとすると、「場」を触知できたとすれば、半ば偶然も作用したと言わざるを得ない。

まず大学である。筆者は東京大学法学部長を務めた徒弟時代の指導教官西尾勝東京大学名誉教授に綿密なオーラル・ヒストリーを行うことで、戦後の東京大学における学部の存立基盤について理解を深めることができた。加えて東京大学百五十年史編纂事業の一環で、佐々木毅元総長へのオーラル・ヒストリーにも参画する機会を得た。これらがなければ、自らが見聞した東京大学像を突き離して東京帝国大学時代の田中を描くことは、難しかったとしみじみ感じる。

田中の最高裁判所時代については、矢口洪一元長官のオーラル・ヒストリー・プロジェクトについて、これを担った御厨貴東京大学名誉教授による様々な解説に大きく示唆を受け、最高裁判所を分析できるのではないかと考えるきっかけをいただいた。加えて、前任校の東北大学法学部で、同僚・先輩教授として、最高裁判所裁判官を務められた藤田宙靖、国際司法裁判所裁判官を務められた小田滋の両氏から折に触れて所内の状況を聞く機会を得たことが大きい。

さらに、司法機関の脆弱性については、発足後一〇年ほど経過した国地方係争処理委員会の委員として、政治性の強い案件に向き合う経験を得た。沖縄の普天間基地の辺野古への移転に関わる沖縄県の審査申出を受けて、国の関与の違法性の有無を審査する一件であり、当時としては菅義偉官房長官案件と目された辺野古の埋め立て問題をどう独立機関が判断できるかという課題を通じて、戦後の揺籃期の最高裁判所への理解を深めることができたのである。

それでも田中の国際司法裁判所時代に着手するのは当初は無理ではないかと考えていたが、ケンブリッジ大学のカレッジであるクレア・ホールに在外研究のため滞在できたことは決定的だった。大学内でも国際化に力点を置いているカレッジには、国際法研究を静かに促す独特の雰囲気があった。

イギリス出身の国際司法裁判所裁判官ハーシュ・ラウターパクトの息子であり、名高い国際法律家である元教授のエリフ・ラウターパクトがカレッジの隣の敷地に住み、時々カレッジを訪れていた。ラウターパクト父子の元の家は、カレッジ前に広がるラグビー場の向こう側にあった。現在そこは別のカレッジになっており、もう一つ向こうの通りに国際法研究の拠点であるラウターパクト・センターがある。

ハーシュ・ラウターパクトが書斎から眺めていたというラグビー場を目にしているうちに、おのずから国際法の文献を読み進めるようになる。図書館やラウターパクト・センターで文献を集め、読み、そしてケンブリッジ大学で博士号を取られた小和田恒裁判官に、国際司法裁判所内で直接インタビューをすることで、裁判と司法行政のあり方や所内の雰囲気をつかむことができた。帰り際に裁判官から、旧友の「エリフによろしく」との伝言を受けて戻ったところ、カレッジで聞かされたのはエリフ・ラウターパクトの死去だった。場所に確固と根付いている国際法のつながりを感ぜずにはいられなかった。小和田裁判官へのインタビューも、東北大学法学部時代の同僚であり、ハーグにある国際刑事裁判所の裁判官であった尾崎久仁子氏の懇切丁寧な説明と紹介とがあって実現した。

研究面での友人であり、日本政治外交史を専攻する五百旗頭薫教授が、三邊マリ子氏をはじめとする田中の親族を紹介してくださり、田中、峰子、耕三の間のエピソードや松本烝治家・小泉信三家との交流について、お話をいただいた。あらためて田中の家族観、そして夫人の峰子の田中に対する強い影響を感じ取ることができた。従来の田中についての論説はどれもが男性しか登場しないが、本書はこれまで見過ごされてきた峰子を取り上げるよう努めた。二一世紀現在の研究には、より多様な観点から対象を捉えるべきであり、妻子や親族を「良質な理解者かつ批判者」として描くことが重要となるであろう。

また、キリスト教と田中との関わりについては、赤江達也教授、ケヴィン・ドーク教授、松本佐保教授から様々な視点をいただくことができた。キリスト教に関する読書案内を得ることができたのは本当に貴重であった。なお、資料の閲覧に際して、修猷館高等学校同窓会事務局、拓殖大学百年史編集室、東京大学大学院法学政治学研究科附属近代日本法政史料センター原資料部には特に便宜を図っていただいた。

以上のような田中を取り巻く様々な「場」についての知見を積み重ねるうちに、多くの方のご支援と励ましを得て、ようやく本書を完成させることができた。筆者としては、偶然のめぐりあいを積み重ねるうちに、本書をまとめきるよう導かれたと思わざるを得ない。

本書のうち第5、6、7章は、既発表の論文「政治化と行政化のはざまの司法権：最高裁判所一九五〇～一九六〇」（『公共政策研究』新創刊六号、二〇〇六年）、「『司法権の民主化』と『裁判官等質論』――戦後初期の司法改革における司法観」（『法学』第七二巻第三号、二〇〇八年）、『部分社会』と『象牙の塔』――三淵忠彦と田中耕太郎」（飯尾潤・苅部直・牧原出編『政治を生きる――歴史と現代の透視図』中央公論新社、二〇一二年）、「国際法廷の制度的定着――南西アフリカ事件後の国際司法裁判所」（『年報政治学2018―I　政治と司法』二〇一八年）を基にしているが、あらためて加筆修正を行った。個別分野における田中研究はすでに多くの蓄積があるが、田中の生涯全体を見通すことで、個別分野の評価の問い直しや全体像のさらなる構築も進むであろう。舌鋒鋭い田中の一面からそれぞれの分野で田中に対する批判も強いが、そうした批判点を再考することが今後の課題となるのではないだろうか。

田中について多くの知見をいただいた方々に深く謝意を表して、本書の結びとする。

二〇二二年八月

牧原　出

主要引用・参考文献

※（1）については年代順、（2）以下は日本語文献は基本的に著者名の五十音順に記載し、外国語文献は著者名のアルファベット順に記載した。人名は書誌情報に合わせて旧字体としている。

（1）田中耕太郎の著作など

田中耕太郎「病床雑感」『同窓会雑誌』（修猷館同窓会）第六二号（一九一一年二月二八日）
田中耕太郎「沿岸国ノ範囲ト漁業権」『法学協会雑誌』第三一巻第十二号、一九一三年
伊原元治・大澤章・田中耕太郎・植野勲『生ひ立ちの記』興風書院、一九一四年
田中耕太郎「株式会社発起人ノ責任ヲ論ス」『法学協会雑誌』第三五巻第八号、第一一号、一九一七年
田中耕太郎「合名会社社員ノ責任」『法学協会雑誌』第三六巻第七号〜第三七巻第六号、一九一八〜一九年
田中耕太郎『合名会社社員責任論』有斐閣、一九一九年
田中耕太郎『商法総論概要』有斐閣、一九二五年
田中耕太郎『法と宗教と社会生活』改造社、一九二七年
田中耕太郎『世界法の理論第一〜三巻』岩波書店、一九三二〜一九三四年（引用は、三部構成へと編集した春秋社版〔一九五四年〕を用いる）
田中耕太郎『教養と文化の基礎』岩波書店、一九三七年
田中耕太郎『ラテン・アメリカ紀行』岩波書店、一九四〇年
田中耕太郎『法律哲学論集一』岩波書店、一九四二年
田中耕太郎「南原繁教授著『国家と宗教』」『国家学会雑誌』第五七巻第五号、一九四三年
田中耕太郎『法律哲学論集二』岩波書店、一九四四年
田中耕太郎『教育と政治』好学社、一九四六年
田中耕太郎『新憲法と文化』国立書院、一九四七年
田中耕太郎『法家の法実証主義』福村書店、一九四七年
田中耕太郎『文化と世界観』国立書院、一九四八年
田中耕太郎「愛はすべてに勝つ」（安倍能成『天皇の印象』創元社、一九四九年）
田中耕太郎『カトリシズムと現代』春秋社、一九四九年
田中耕太郎『教育と権威』勁草書房、一九四九年
田中耕太郎『真理と平和を求めて』講談社、一九四九年
田中耕太郎「跋文——地方教育行政の独立について」（教育法令研究会『教育委員会・理論と運動』時事通信社、一九四九年）
田中耕太郎『ラテン・アメリカ史概説　上巻』岩波書店、一九

四九年
田中耕太郎『共産主義と世界観』春秋社、一九五〇年
田中耕太郎『善き隣人たれ』朝日新聞社、一九五〇年
柳沢健（田中耕太郎・田中峰子）『生きて来た道』世界之日本社、一九五〇年
田中耕太郎「愛の人天皇」（柳沢健『われらの天皇』われらの天皇刊行会普及部、一九五一年）
田中耕太郎「邦訳序」（グスタフ・ラードブルッフ『法哲学』小山書店、一九五一年）
田中耕太郎『法律哲学論集三』岩波書店、一九五二年
田中耕太郎『音楽と人生』勁草書房、一九五三年
田中耕太郎『アメリカ紀行』読売新聞社、一九五三年
田中耕太郎『商法学　一般理論』春秋社、一九五四年
田中耕太郎『平和の法と哲学』有斐閣、一九五四年
田中耕太郎『商法学　特殊問題　中』春秋社、一九五六年
田中耕太郎『現代生活の論理』春秋社、一九五七年
田中耕太郎『商法学　特殊問題　下』春秋社、一九五八年
田中耕太郎『法律学概論』学生社、一九五八年（末弘厳太郎編『現代法学全集第三十一巻』日本評論社、一九三〇年以下七回分載の版が初出だが、ここでは表現を現代風に改めた学生社版を典拠とした）
田中耕太郎『法の支配と裁判』有斐閣、一九六〇年
田中耕太郎「アメリカより帰りて」（小林珍雄『岩下神父の生涯』聖パウロ修道会、一九六一年）
田中耕太郎『教育基本法の理論』有斐閣、一九六一年
田中耕太郎『私の履歴書』春秋社、一九六一年
田中耕太郎・末川博・我妻栄・大内兵衛・宮沢俊義『大学の自治』朝日新聞社、一九六三年
田中耕太郎「法学」（朝日新聞社編『わが道Ⅲ』朝日新聞社、一九七一年）
鈴木竹雄編『田中耕太郎　人と業績』有斐閣、一九七七年：『人と業績』と略記
田中耕太郎「松本烝治先生の思い出」『御殿場』記念号、国立国会図書館憲政資料室所蔵『松本烝治関係文書』書類の部六三七
Kotaro Tanaka, "Some Observation on Peace, Law, and Human Rights," in Wolfgang Friedmann, Louis Henkin & Oliver Lissitzyn, eds., *Transnational law in a changing society : essays in honor of Philip C. Jessup* (Columbia University Press, 1972): 242-256

（2）日記・書簡等

有光次郎日記：有光次郎『有光次郎日記　昭和二年〜二三年』第一法規出版、一九八九年
入江相政日記：入江相政『入江相政日記第一巻』朝日新聞社、一九九〇年
内村鑑三日記：内村鑑三『内村鑑三全集第三四巻』岩波書店、一九八三年
神谷美恵子日記「文部省日記」：神谷美恵子『神谷美恵子著作集第九巻　遍歴』みすず書房、一九八〇年
河合栄治郎日記：河合栄治郎『河合栄治郎著作集第二三巻』社会思想社、一九六九年
河井弥八日記：尚友倶楽部編『河井弥八日記　戦後編1』信山社、二〇一五年
木戸幸一日記：木戸幸一『木戸幸一日記　下』東京大学出版会、一九六六年
佐藤榮作日記：佐藤榮作『佐藤榮作日記第二、四巻』朝日新聞社、一九九七〜九八年

昭和天皇実録：宮内庁『昭和天皇実録第十』東京書籍、二〇一七年

神余正義日記：神余正義「若い判事補の目（11）」『判例時報』第五五九号、一九六九年

田中耕太郎日記：『明治四四年西暦一九一一年日誌（第一巻）』（『田中耕太郎関係文書』所収）

長與又郎日記：小高健『長與又郎日記　近代化を推進した医者の記録　下』学会出版センター、二〇〇二年、『東京大学史紀要』第四、五、六、七、八、九号、一九八三〜九〇年

西田幾多郎日記：西田幾多郎『西田幾多郎全集第十七巻』岩波書店、一九五一年

野上彌生子書簡：野上彌生子『野上彌生子全集第二期第二五巻』岩波書店、一九九一年

野上彌生子日記：野上彌生子『野上彌生子全集第二期第一一巻』岩波書店、一九八八年

拝謁記：田島道治『昭和天皇拝謁記1　初代宮内庁長官田島道治の記録』岩波書店、二〇二一年

平賀譲日記：『東京大学史紀要』第八号、一九九〇年

矢内原忠雄日記：矢内原忠雄『矢内原忠雄全集第二八巻』岩波書店、一九六五年

矢部貞治日記：未公刊部分は憲政資料館所蔵、公刊部分は『欧米留学時代』一九八九年（1935年4月8日〜1937年5月27日）、『銀杏の巻』読売新聞社、一九七四年（1937年5月28日〜1945年12月31日）

吉田茂記念事業団『吉田茂書翰』中央公論社、一九九四年

（3）未公刊文書・音声記録等

戦後期外交記録『国際司法裁判所関係一件　裁判官選挙関係　1960年　第1〜14巻』B'.2.5.0.1-1外交史料館所蔵：外交記録と略記し、以下の記号を用いた

外交記録A：『第7巻』

外交記録B：条約局法規課作成「国際司法裁判所（ICJ）裁判官通常選挙立候補に関する問題」『第9巻』

外交記録C：条約局法規課「国際司法裁判所裁判官の候補者指名に関する諮問協議会議事要旨」一九六〇年三月二日『第9巻』

外交記録D：条約局法規課「ICJ選挙における田中候補に対する各国の態度」一九六〇年一一月一日『第14巻』

『田中耕太郎関係文書』『田中耕太郎関係文書（東京帝国大学関係）』：東京大学大学院法学政治学研究科附属近代日本法政史料センター原資料部所蔵

『田中耕太郎旧蔵教育関係文書』：国立教育政策研究所教育図書館所蔵

「田中耕太郎談話」：憲政記念館所蔵『緑風会関係文書』オープンリールの談話記録

田中耕太郎『手形法講義案摘要』：名古屋大学法学図書室所蔵（『人と業績』により一九二三年刊行と推定）

度量衡制度調査会幹事「度量衡制度調査会第四回特別委員会議事要録」一九三七年一二月二四日

度量衡制度調査会幹事「度量衡制度調査会第五回総会議事要録」一九三八年一月一七日

文部省人事課適格審査室編『教職員の適格審査に関する記録』一九五二年七月（国立教育政策研究所教育図書館所蔵）

『我妻栄関係文書』：東京大学大学院法学政治学研究科附属近代日本法政史料センター原資料部所蔵（本文での引用資料は『法制審議会司法制度部会第十一回会議議事録』一九五六年三月二七日）

Philip C. Jessup Papers：US Library of Congress所蔵（JPと略

記）

（4）資料集

大久保達正他編『昭和社会経済史料集成　第二三巻　海軍省資料（23）』巌南堂、一九九七年
学習院百年史編集委員会『学習院百年史第三編』学習院、一九八七年
教育法令研究会『教育基本法の解説』国立書院、一九四七年
最高裁判所事務総局『最高裁判所機構改革問題関係資料（一）』、一九五七年
鈴木英一『教育行政』東京大学出版会、一九七〇年
鈴木英一編『教育基本法の成立事情（一）（二）』北海道大学教育学部教育制度研究室研究資料、一九六九年
鈴木英一・平原春好『資料　教育基本法50年史』勁草書房、一九九八年
関忠果・小林英三郎・松浦総三・大悟法進編『雑誌「改造」の四十年』光和堂、一九七七年
竹内敏夫・岸田実『文化財保護法詳説』刀江書院、一九五〇年
通商産業省編『商工政策史　第九巻』、一九六一年
東京大学経済学部編『東京大学経済学部五十年史』、一九七六年
東京大学百年史編集委員会編『東京大学百年史　通史二』、一九八五年
東京大学百年史編集委員会編『東京大学百年史　部局史1法学部』、一九八六年
日本近代教育史料研究会編『教育刷新委員会教育刷新審議会会議録第一巻』、一九九五年
野島貞一郎『緑風会十八年史』緑風会史編纂委員会、一九七一年
百年史資料集編集委員会『拓殖大学百年史　資料編五』、二〇〇七年
法務大臣官房調査課『司法制度調査資料第一五巻　最高裁判所機構改革問題関係資料（法制審議会上訴制度合同小委員会関係）その二』、一九五七年
無教会史研究会『無教会史Ⅰ』新教出版社、一九九一年
吉野作造講義録研究会『吉野作造政治史講義』東京大学出版会、二〇一六年

（5）最高裁判所判決・国際司法裁判所判決

最大判一九五〇年一〇月一一日　刑集四巻一〇号二〇三七頁　尊属傷害致死被告事件
最大判一九五三年一月一六日　民集七巻一号一二頁　県議会議員除名処分執行停止決定に対する特別抗告事件
最大判一九五九年八月一〇日　刑集一三巻九号一四一九頁　汽車顛覆致死、同幇助被告事件（松川事件）
最大判一九五九年一二月一六日　刑集一三巻一三号三二二五頁　日本国とアメリカ合衆国との間の安全保障条約第三条に基く行政協定に伴う刑事特別法違反被告事件（砂川事件）
最大判一九六〇年三月九日　民集一四巻三号三五五頁　決議無効確認並びに損害賠償請求上告事件
最大判一九六〇年六月八日　民集一四巻七号一二〇六頁　衆議院議員資格確認並びに歳費請求上告事件（苫米地事件）
最大判一九六〇年一〇月一九日　民集一四巻一二号二六三三頁　懲罰決議等取消請求上告事件
最大判一九七三年四月四日　刑集二七巻三号二六五頁　尊属殺人被告事件
Certain Norwegian Loans (France v. Norway), Judgment of 6 July 1957

Temple of Preah Vihear (Cambodia v. Thailand), Merits, Judgment of 15 June 1962
South West Africa Cases (Ethiopia v. South Africa; Liberia v. South Africa), Preliminary Objections, Judgment of 21 December 1962
South West Africa Cases (Ethiopia v. South Africa; Liberia v. South Africa), Second Phase, Judgment of 18 July 1966
Barcelona Traction, Light and Power Company, Limited (Belgium v. Spain) (New Application: 1962), Second Phase, Judgment of 5 February 1970

（6）著作
赤江達也『矢内原忠雄』岩波書店、二〇一七年
安倍能成『戦後の自叙伝』日本図書センター、二〇〇三年
新井恒易『日教組運動史』日本出版協同、一九五三年
有泉亨編『追想の我妻栄』一粒社、一九七四年
家永三郎『裁判批判』日本評論社、一九五九年
石川鉄雄『音楽行脚』文行社、一九二五年
岩下壮一『カトリックの信仰』講談社文庫版、一九九四年
岩間正男『教員組合運動史　教育労働戦線の統一まで』週刊教育新聞社、一九四八年
梅田義彦『改訂増補　日本宗教制度史〈近代編〉』東宣出版、一九七一年
大河内一男『社会政策四十年』東京大学出版会、一九七〇年
大澤武司『毛沢東の対日戦犯裁判』中央公論新社、二〇一六年
太田哲三『会計学の四十年』中央経済社、一九五六年
大塚一男『最高裁調査官報告書』筑摩書房、一九八六年
大塚覚編『修猷館物語』修猷通信、一九六二年
岡田温司『グランドツアー』岩波書店、二〇一〇年
小田滋『国際法と共に歩んだ六〇年』東信堂、二〇〇九年
小田滋『国際司法裁判所　増補版』日本評論社、二〇一一年
海後宗臣『教育改革』東京大学出版会、一九七五年
加瀬俊一『加瀬俊一回想録（下）』山手書房、一九八六年
加藤陽子「南原繁の終戦工作と、その射程」『思想』二〇二〇年一二月号
苅部直「技術・美・政治」（同『基点としての戦後』千倉書房、二〇二〇年所収）
川島武宜『ある法学者の軌跡』有斐閣、一九七八年
黒澤清『日本会計制度発達史』財経詳報社、一九九〇年
近衛文麿『清談録』千倉書房新版、二〇一五年
小原国芳編『ベートーヴェン研究　ベートーヴェン百年祭記念出版』イデア書房、一九二七年
阪野祐介『日本における宗教と空間、社会をめぐる地理学的研究』神戸大学学位申請論文、二〇〇七年
佐々木惣一他編『京大事件』岩波書店、一九三三年
佐藤寛次伝刊行会編集委員会編『佐藤寛次伝』家の光協会、一九七四年
鹽野季彦回顧録刊行委員会編『鹽野季彦回顧録』、一九五八年
芝崎厚士『国際関係の思想史』岩波書店、二〇一五年
鈴木竹雄『幾山河』有斐閣、一九九三年
高橋寛人『教育公務員特例法制定過程の研究』春風社、二〇一九年
竹前栄治『戦後労働改革』東京大学出版会、一九八二年
田中耕三『諒解』刊行社、一九八四年（筆名はジャン・ミネカイヅカ）
田中峰子「天主の善き僕」『声』第七五八号、一九三九年
田中峰子『花くらべ』中央出版社、一九五七年
塚本虎二『内村鑑三先生と私』伊藤節書房、一九六一年

塚本虎二「真の教会」「教権か聖霊か」「無教会主義とはなんぞや」（同『塚本虎二著作集　続第一巻』聖書知識社、一九八五年）
土持ゲーリー法一「土持ゲーリー法一氏に聞く　占領期教育改革研究の回想」『戦後教育史研究』第三二巻、二〇一九年
徳冨蘆花「日本から日本へ」（同『徳冨蘆花全集第一四巻』新潮社、一九三〇年）
富塚清『ある科学者の戦中日記』中央公論社、一九七六年
内藤初穂『軍艦総長　平賀譲』中公文庫版、一九九九年
長尾龍一「根本規範について」（上原行雄・長尾龍一編『自由と規範　法哲学の現代的展開』東京大学出版会、一九八五年）
中村巳喜人「キリスト教徒の戦争体験記」（カトリック大阪大司教区『過ぎ越しを生きぬいて　キリスト者の戦争体験記』太陽社、二〇〇三年）
南原繁「カトリシズムとプロテスタンティズム」（南原繁『南原繁著作集　第一巻』岩波書店、一九七二年）
南原繁「大学の本質」（南原繁『南原繁著作集　第六巻』岩波書店、一九七三年）
南原繁「全国大学教授連合の綱領――第七回総会における挨拶――」（南原繁『南原繁著作集　第七巻』岩波書店、一九七三年）
南原繁・蠟山政道・矢部貞治『小野塚喜平次』岩波書店、一九六三年
布川玲子・新原昭治『砂川事件と田中最高裁長官』日本評論社、二〇一三年
服部豊子『いつも心に音楽を』勉誠出版、二〇二〇年
半澤孝麿『近代日本のカトリシズム　思想史的考察』みすず書房、一九九三年
穂積重遠『法理学大綱』岩波書店、一九一七年
牧原出『行政改革と調整のシステム』東京大学出版会、二〇〇九年
松尾敬一『田中耕太郎博士』佐賀新聞社、一九七五年
松尾尊兊『滝川事件』岩波書店、二〇〇五年
松沢弘陽・植手通有編『丸山眞男回顧談　上』岩波書店、二〇〇六年
松本佐保『バチカン近現代史』中央公論新社、二〇一三年
丸山眞男・福田歓一編『回想の南原繁』岩波書店、一九七五年
丸山眞男・福田歓一編『聞き書　南原繁回顧録』東京大学出版会、一九八九年
三谷太一郎「田中耕太郎の近代批判」（同『人は時代といかに向き合うか』東京大学出版会、二〇一四年）
蓑田胸喜『法哲学と世界観――田中耕太郎氏の思想学説批判――』原理日本社、一九三八年
宮沢俊義「法律に於ける『科学と技術』」『国家学会雑誌』第三九巻第八、九号、一九二五年
宮沢俊義『天皇機関説事件（上）（下）』有斐閣、一九七〇年
明神勲『戦後史の汚点レッド・パージ』大月書店、二〇一三年
柳澤健遺稿集刊行委員会編『印度洋の黄昏　柳澤健遺稿集』、一九六〇年
山本礼子『占領下における教職追放』明星大学出版部、一九九四年
山本礼子『米国対日占領下における「教職追放」と教職適格審査』学術出版会、二〇〇七年
吉野源三郎『職業としての編集者』岩波書店、一九八九年
吉満義彦『神秘主義と現代』みすず書房、一九五二年
蠟山政道「行政の概念構成に於ける技術の意義」『国家学会雑誌』第三七巻第三号、一九二三年

若松英輔『吉満義彦』岩波書店、二〇一四年
マーク・T・オア『占領下日本の教育改革政策』玉川大学出版部、一九九三年
ダグラス・マッカーサー『マッカーサー回想記　下巻』朝日新聞社、一九六四年
ジャック・マリタン『人権と自然法』エンデルレ書店、一九四八年
グスタフ・ラードブルッフ『法哲学』小山書店、一九五一年
グスタフ・ラートブルフ『ラートブルフ著作集　第一〇巻　心の旅路』東京大学出版会、一九六二年
Dean Acheson, "Philip C. Jessup, Diplomatist," in Wolfgang Friedmann, Louis Henkin & Oliver Lissitzyn, eds., *Transnational Law in a Changing Society: Essays in Honor of Philip C. Jessup* (Columbia University Press, 1972): 3-13
Jeremy Black, *The British and the Grand Tour* (Croom Helm, 1985)
Frank Brady and Frederick A. Pottle, eds., *Boswell on the Grand Tour : Italy, Corsica, and France 1765-1766* (The Yale editions of the private papers of James Boswell), (W. Heinemann, 1955)
James Crawford, "'Dreamers of the Day': Australia and the International Court of Justice," *Melbourne Journal of International Law* 14 (2013): 520-549
Reza Dibadj, "Panglossian Transnationalism," *Stanford Journal of International Law* 44 (2008): 259-271
Kevin M. Doak, *Tanaka Kōtarō and World Law* (Palgrave, 2019)
Bob Duynstee, Daan Meijer, and Floris Tilanus, eds., *The Building of Peace, A Hundred Years of Work on Peace through Law: The Peace Palace 1913-2013* (Carnegie Foundation, 2013)
Gerald Fitzmaurice, "Legal Advisers and Foreign Affairs (Review Article)," *American Journal of International Law* 59 (1965): 72-86
André Gros, "La Cour international de Justice 1946-1986: Les reflexions d'un juge," in Yoram Dienstein ed., *International Law at a Time of Perplexity: Essays in Honor of Shabtai Rosenne* (Martinus Nijhoff, 1989): 297-298
Anna Bartels-Ishikawa, *Theodor Sternberg: einer der Begrunder des Freirechts in Deutschland und Japan* (Duncker & Humblot, 1998)
Philip C. Jessup, *The United States and the World Court* (World Peace Foundation Pamphlets, 1929)
Philip C. Jessup, *Transnational Law* (Yale University Press, 1956)
Arnold Köttgen, *Deutsches Universitätsrecht* (Verlag von J. C. B. Mohr, 1933)
Manfred Lachs, "The Revised Procedure of the International Court of Justice," in Frits Kalshoven et al. eds., *Essays on the Development of the International Legal Order* (Sijhoff & Noordhoff, 1980)
Elihu Lauterpacht, *The Life of Hersch Lauterpacht* (Cambridge University Press, 2010)
Edward McWhinney, *Judge Manfred Lachs and Judicial Law-Making* (Martinus Nijhoff, 1995)
Michla Pomerance, "The ICJ and South West Africa (Namibia): A Retrospective Legal / Political Assessment," *Leiden Journal of International Law* 12 (1999): 425-436
Walther Rathenau, *Vom Aktienwesen : eine geschäftliche*

Betrachtung (S. Fischer, 1922)
Shabtai Rosenne, *Procedure in the International Court: A Commentary on the 1978 Rules of the International Court* (Martinus Nijhoff, 1983)
Shabtai Rosenne, ed., *Documents on the International Court of Justice*, First Bilingual Edition (Martinus Nijhoff, 1991) : 554-555
Oscar Schachter, "Philip Jessup's Life and Ideas," *American Journal of International Law* 80 (1986): 878-895
Rudolf von Sohm, *Institutionen: Geschichte und System des römischen Privatrechts*, 14., Neu durchgearbeitete Aufl. (Duncker & Humblot, 1911)
Rudolf Stammler, *Lehrbuch der Rechtsphilosophie* (Walter de Gruyter, 1922)
Theodor Sternberg, "Die Entwicklungslinie der Rechtsphilosophie und das Problem ihrer Geschichtsschreibung"『法学協会雑誌』第三三巻第一〇号、一九一五年

主要図版出典一覧

松本烝治記念財団関係資料 iv、5、16、45、47、234頁
田中耕太郎関係文書 18、19頁
名古屋大学法学図書室蔵 40頁
朝日新聞社 153、171頁
共同通信社 188、221、275頁
毎日新聞社 180頁
読売新聞社 132、204頁

田中耕太郎 関係年譜

1946（昭和21）年	5月 文部大臣就任（東大教授を辞職）
	6月 貴族院議員となる
1947（昭和22）年	1月 文部大臣辞任
	4月 参議院選挙全国区で当選
	5月 参議院文教委員会委員長
1949（昭和24）年	3月 学習院大学教授（兼任）
1950（昭和25）年	3月 最高裁判所長官
	9月～11月 アメリカ司法制度視察
1952（昭和27）年	4月 サンフランシスコ講和条約，日米安保条約発効
	9月 通達「法廷の威信について」発出
1953（昭和28）年	7月～9月 アメリカ法曹協会・各州最高裁判所長官会議訪問
1955（昭和30）年	5月 高等裁判所長官，地方裁判所長および家庭裁判所長会同での長官訓示（「世間の雑音」訓示）
1956（昭和31）年	1月～3月 インド，ドミニカ，ヨーロッパ諸国訪問，司法制度視察
1957（昭和32）年	4月 最高裁判所長官として衆議院法務委員会に出席
	10月 最高裁判所10周年記念式典
	12月 ブラジルの「司法の日」祝典出席，南米諸国の司法制度視察
1959（昭和34）年	8月 松川事件判決
	12月 砂川事件判決
1960（昭和35）年	8月～9月 国際司法裁判所裁判官立候補に伴い南北アメリカ，ヨーロッパ諸国訪問
	10月「法の日」式典
	10月 最高裁判所長官退任
	11月 国際司法裁判所裁判官に当選
1966（昭和41）年	7月 南西アフリカ事件判決（本案）
1970（昭和45）年	2月 バルセロナ・トラクション電力会社事件判決（本案）
	2月 国際司法裁判所裁判官を退任
1974（昭和49）年	3月1日死去

田中耕太郎 関係年譜

年	出来事
1890（明治23）年	10月25日鹿児島に生まれる
1908（明治41）年	3月 福岡県立中学校修猷館卒業
1911（明治44）年	7月 第一高等学校卒業
1914（大正3）年	11月 高等文官試験合格
1915（大正4）年	5月 東京帝国大学法科大学法律学科卒業
	6月 明治神宮造営局兼内務属
1916（大正5）年	12月 内務省退職
1917（大正6）年	9月 東京帝国大学法科大学助教授
1919（大正8）年	7月 文部省による派遣として欧米留学（～22年6月）
1923（大正12）年	3月 東京帝国大学教授（商法講座担当）
1924（大正13）年	7月 松本烝治長女峰子と結婚
1926（大正15）年	4月 岩下壮一を代父として受洗
1927（昭和2）年	1月『法と宗教と社会生活』刊行
1934（昭和9）年	7月 長男耕三誕生
1935（昭和10）年	1月 朝日賞を受賞
	12月 国際文化振興会による交換教授としてイタリア派遣（～36年10月）
1937（昭和12）年	4月 法学部長就任
	6月『教養と文化の基礎』刊行
1939（昭和14）年	2月 平賀粛学ののちに法学部長辞任
	5月～10月 ブラジル，アルゼンチンの諸大学・文化団体からの招聘により南米諸国訪問
1941（昭和16）年	5月 帝国学士院会員
1943（昭和18）年	3月～5月 商事慣行調査のため中国訪問
1945（昭和20）年	1月 三年会の発足
	8月 敗戦
	9月 同心会を結成
	10月 文部省学校教育局長就任（東大教授と兼任）

牧原 出（まきはら・いづる）

1967（昭和42）年愛知県生まれ．90年東京大学法学部卒，同年助手．93年東北大学法学部助教授，2006年同大学大学院法学研究科教授．11年博士（学術）．13年より東京大学先端科学技術研究センター教授．専門は行政学・政治史．

著書『内閣政治と「大蔵省支配」――政治主導の条件』（中公叢書，2003年．サントリー学芸賞受賞）
『行政改革と調整のシステム』（東京大学出版会，2009年）
『権力移行――何が政治を安定させるのか』（NHKブックス，2013年）
『崩れる政治を立て直す――21世紀の日本行政改革論』（講談社現代新書，2018年）

編著・共著
『聞き書 武村正義回顧録』（岩波書店，2011年）
『聞き書 野中広務回顧録』（岩波書店，2012年／岩波現代文庫，2018年）
『法の番人として生きる――元内閣法制局長官大森政輔回顧録』（岩波書店，2018年）
『日本政治史講義――歴史と対話』（有斐閣，2021年）他多数

田中耕太郎《たなかこうたろう》
―闘《たたか》う司法《しほう》の確立者《かくりつしゃ》、世界法《せかいほう》の探究者《たんきゅうしゃ》
中公新書 *2726*

2022年11月25日発行

著　者　牧　原　　出
発行者　安　部　順　一

本文印刷　三晃印刷
カバー印刷　大熊整美堂
製　　本　小泉製本

発行所　中央公論新社
〒100-8152
東京都千代田区大手町 1-7-1
電話　販売　03-5299-1730
　　　編集　03-5299-1830
URL https://www.chuko.co.jp/

Published by CHUOKORON-SHINSHA, INC.
Printed in Japan　ISBN978-4-12-102726-9 C1221

中公新書刊行のことば

いまからちょうど五世紀まえ、グーテンベルクが近代印刷術を発明したとき、書物の大量生産は潜在的可能性を獲得し、いまからちょうど一世紀まえ、世界のおもな文明国で義務教育制度が採用されたとき、書物の大量需要の潜在性が形成された。この二つの潜在性がはげしく現実化したのが現代である。

いまや、書物によって視野を拡大し、変りゆく世界に豊かに対応しようとする強い要求を私たちは抑えることができない。この要求にこたえる義務を、今日の書物は背負っている。だが、その義務は、たんに専門的知識の通俗化をはかることによって果たされるものでもなく、通俗的好奇心にうったえて、いたずらに発行部数の巨大さを誇ることによって果たされるものでもない。現代を真摯に生きようとする読者に、真に知るに価いする知識だけを選びだして提供すること、これが中公新書の最大の目標である。

私たちは、知識として錯覚しているものによってしばしば動かされ、裏切られる。私たちは、作為によってあたえられた知識のうえに生きることがあまりに多く、ゆるぎない事実を通して思索することがあまりにすくない。中公新書が、その一貫した特色として自らに課すものは、この事実のみの持つ無条件の説得力を発揮させることである。現代にあらたな意味を投げかけるべく待機している過去の歴史的事実もまた、中公新書によって数多く発掘されるであろう。

中公新書は、現代を自らの眼で見つめようとする、逞しい知的な読者の活力となることを欲している。

一九六二年一一月

哲学・思想

1 日本の名著（改版） 桑原武夫編
2187 物語 哲学の歴史 伊藤邦武
2378 保守主義とは何か 宇野重規
2522 リバタリアニズム 渡辺 靖
2591 白人ナショナリズム 渡辺 靖
2288 フランクフルト学派 細見和之
2300 フランス現代思想史 岡本裕一朗
2036 日本哲学小史 熊野純彦編著
832 外国人による日本論の名著 佐伯彰一・芳賀 徹編
1696 日本文化論の系譜 大久保喬樹
2097 江戸の思想史 田尻祐一郎
2276 本居宣長 田中康二
2458 折口信夫 植村和秀
2535 事大主義―日本・朝鮮・沖縄の「自虐と侮蔑」 室井康成
2686 中国哲学史 中島隆博
1989 諸子百家 湯浅邦弘
36 荘 子 福永光司
1695 韓 非 子 冨谷 至
1120 中国思想を考える 金谷 治
2042 菜 根 譚 湯浅邦弘
2220 言語学の教室 西村義樹・野矢茂樹
1862 入門！論理学 野矢茂樹
448 詭弁論理学（改版） 野崎昭弘
593 逆説論理学 野崎昭弘
1939 ニーチェ―ツァラトゥストラの謎 村井則夫
2594 マックス・ウェーバー 野口雅弘
2597 カール・シュミット 蔭山 宏
2257 ハンナ・アーレント 矢野久美子
2339 ロラン・バルト 石川美子
2674 ジョン・ロールズ 齋藤純一・田中将人
674 時間と自己 木村 敏
1829 空間の謎・時間の謎 内井惣七
814 科学的方法とは何か 浅田彰・黒田末寿・佐和隆光・長野敬・山口昌哉
2176 動物に魂はあるのか 金森 修
2495 幸福とは何か 長谷川宏
2505 正義とは何か 神島裕子
2203 集合知とは何か 西垣 通

中公新書

宗教・倫理

現代史

- 2570 佐藤栄作　村井良太
- 2186 田中角栄　早野　透
- 1976 大平正芳　福永文夫
- 2351 中曽根康弘　服部龍二
- 2512 高坂正堯―戦後日本と現実主義　服部龍二
- 2710 日本インテリジェンス史　小谷　賢
- 1574 海の友情　阿川尚之
- 1875 「国語」の近代史　安田敏朗
- 2075 歌う国民　渡辺　裕
- 2332 「歴史認識」とは何か　大沼保昭　江川紹子
- 1804 戦後和解　小菅信子
- 1900 「慰安婦」問題とは何だったのか　大沼保昭
- 2624 「徴用工」問題とは何か　波多野澄雄
- 2359 竹島―もうひとつの日韓関係史　池内　敏
- 1820 丸山眞男の時代　竹内　洋
- 2714 国鉄―「日本最大の企業」の栄光と崩壊　石井幸孝
- 2237 四大公害病　政野淳子
- 1821 安田講堂 1968-1969　島　泰三
- 2110 日中国交正常化　服部龍二
- 2150 近現代日本史と歴史学　成田龍一
- 2196 大原孫三郎―善意と戦略の経営者　兼田麗子
- 2317 歴史と私　伊藤　隆
- 2301 核と日本人　山本昭宏
- 2627 戦後民主主義　山本昭宏
- 2342 沖縄現代史　櫻澤　誠
- 2543 日米地位協定　山本章子
- 2720 司馬遼太郎の時代　福間良明
- 2649 東京復興ならず　吉見俊哉
- 2726 田中耕太郎―闘う司法の確立者、世界法の探究者　牧原　出

政治・法律

h1

- 125 法と社会 碧海純一
- 819 アメリカン・ロイヤーの誕生 阿川尚之
- 2347 代議制民主主義 待鳥聡史
- 2469 議院内閣制―変貌する英国モデル 高安健将
- 2631 現代民主主義 山本圭
- 1905 日本の統治構造 飯尾潤
- 2691 日本の国会議員 濱本真輔
- 2537 日本の地方政府 曽我謙悟
- 2558 日本の地方議会 辻陽
- 1687 日本の選挙 加藤秀治郎
- 2283 日本政治とメディア 逢坂巌
- 1845 首相支配―日本政治の変貌 竹中治堅
- 2651 政界再編 山本健太郎
- 2428 自民党―「一強」の実像 中北浩爾
- 2695 日本共産党 中北浩爾
- 2233 民主党政権 失敗の検証 日本再建イニシアティブ
- 2101 国会議員の仕事 林芳正 津村啓介
- 2191 大阪―大都市は国家を超えるか 砂原庸介
- 2418 沖縄問題―リアリズムの視点から 高良倉吉編著
- 2439 入門 公共政策学 秋吉貴雄
- 2620 コロナ危機の政治 竹中治堅